VIVA Lernwortschatz

Lehrgang für Latein ab Klasse 5 oder 6

von
Verena Bartoszek
Verena Datené
Sabine Lösch
Inge Mosebach-Kaufmann
Gregor Nagengast
Christian Schöffel
Barbara Scholz
Wolfram Schröttel

Beratung: Theo Wirth (Wortschatz und Grammatik)

Illustrationen: Miriam Koch

Vandenhoeck & Ruprecht

Bibliografische Information der Deutschen Nationalbibliothek

Die Deutsche Nationalbibliothek verzeichnet diese Publikation in der Deutschen Nationalbibliografie; detaillierte bibliografische Daten sind im Internet über http://dnb.d-nb.de abrufbar.

ISBN 978-3-525-71095-1

© 2014, Vandenhoeck & Ruprecht GmbH & Co. KG, Göttingen/
Vandenhoeck & Ruprecht LLC, Bristol, CT, U.S.A.
www.v-r.de
Alle Rechte vorbehalten. Das Werk und seine Teile sind urheberrechtlich geschützt. Jede Verwertung in anderen als den gesetzlich zugelassenen Fällen bedarf der vorherigen schriftlichen Einwilligung des Verlages.
Printed in Germany.

Quellenhinweis: Rondogramme: Theo Wirth, Christian Seidl, Christian Utzinger: Sprache und Allgemeinbildung © Lehrmittelverlag Zürich;
Pietas: E.-M. Müller, Th. W. Probst und I. Willems
Redaktion: Susanne Gerth
Layout, Gestaltung, Satz und Litho: SchwabScantechnik, Göttingen
Druck und Bindung: Hubert & Co. BuchPartner, Göttingen

Gedruckt auf alterungsbeständigem Papier.

Ausspracheregeln

Wie spreche ich die lateinischen Wörter aus?

Aussprache

Die lateinische Sprache wurde über einen sehr langen Zeitraum verwendet und hat sich im Laufe der Zeit verändert – im Mittelalter wurde anders gesprochen als 1000 Jahre vorher zur Zeit des Augustus.

Die meisten Buchstaben wurden weitgehend so ausgesprochen, wie wir sie auch heute aussprechen. Wichtige Ausnahmen sind …
- **ae** und **oe**: Zunächst sprach man beide Vokale getrennt als »ai« bzw. »oi« (deswegen wird *Caesar* im Deutschen zu *Kaiser*); erst später kam die Aussprache als »ä« bzw. »ö«.
- **c**, das zunächst immer als »k« gesprochen wurde (deswegen wird aus *Caesar* der deutsche *Kaiser*). Erst später sprach man das »c« vor hellen Vokalen wie ein »z«.
- **ti**, das wie »-ti-« gesprochen wurde. Erst später sprach man vor hellen Vokalen »-tsi-« (deswegen wird aus *silentium* im Englischen *silence*).
- **sp** und **st**, bei denen das »s« erhalten blieb (also »s-pectare« und nicht »schpectare«).
- **ch** und **sch**, die wie »k« und »s-k« ausgesprochen wurden.

Manche Lehrer werden Worte wie *Caesar* in der traditionellen Aussprache als »Kaisar« aussprechen, andere nach der spätantiken Aussprache in der dir vielleicht vertrauteren Form als »Zäsar«. Beide Varianten sind richtig und in der Antike belegt, aber zu unterschiedlichen Zeiten.

Lang und kurz gesprochene Vokale

Wie im Deutschen gibt es auch im Lateinischen lang oder kurz ausgesprochene Vokale (vgl. Stadt/Staat). Auch im Lateinischen konnte die Vokallänge denn Sinn eines Wortes verändern (*mălus* »böse«, *mālus* »der Apfelbaum«).

Betonung

Im Deutschen betonst du die Wörter automatisch richtig, ohne über die Regeln nachzudenken. Im Lateinischen dagegen brauchst du Regeln:
- **zweisilbige Wörter** werden immer auf der ersten Silbe betont.
- **drei- und mehrsilbige Wörter** werden …
  - auf der vorletzten Silbe betont, wenn diese lang ist (= langer Vokal bzw. zwei oder mehr Konsonanten am Schluss der Silbe); »Paenultima-Gesetz«.
  - auf der drittletzten Silbe betont, wenn die vorletzte Silbe kurz ist.
  - kleine angehängte Wörter wie *-que* lassen die Betonung auf die Silbe unmittelbar davor rutschen.

Lernwortschatz

Hier im Lernwortschatz findest du die lateinischen Wörter in der Reihenfolge, in der sie im Lektionstext vorkommen.

Bedeutungen

Damit du die Wörter möglichst effektiv lernen kannst, sind nur wenige deutsche Bedeutungen angegeben. Sie sollen dir helfen zu verstehen, was das Wort »meint«.

Das heißt aber nicht, dass das Wort nur diese eine Bedeutung hat. Natürlich kannst du für *currere* statt »laufen« auch »rennen« sagen – das ist genauso richtig. Probiere ein bisschen aus und du wirst sehen, dass dir schon in der ersten Lektion zu einigen Wörtern Alternativen einfallen!

Zusatzangaben

Damit du die lateinischen Wörter im Satz richtig bestimmen und damit auch richtig übersetzen kannst, solltest du dir zusätzlich zur Bedeutung (die ist natürlich das Wichtigste!) auch die Zusatzangaben merken:
- für Substantive Deklination und Geschlecht
- für Verben Konjugation und Stammformen

Merkhilfen

In der rechten Spalte findest du einige Merkhilfen – kleine Bildchen, Hinweise auf schon bekannte englische Wörter oder Fremdwörter. Natürlich kannst du in deinem Vokabelheft auch weitere Eselsbrücken ergänzen!

»Die Familie stellt sich vor«

	avus	Großvater	
	servus	Sklave	servieren
	fīlius	Sohn	
	fīlia	Tochter	Filiale
5	domicilium	Wohnsitz; Haus	
	pater	Vater	
	māter	Mutter	
	salvē!	Sei gegrüßt! Hallo!	
	Mihi nōmen est …	Mein Name ist … / Ich heiße …	
10	nōmen *n.*	Name	
	Et quod nōmen est tibi?	Und was ist dein Name? / Und wie heißt du?	

Lektion 1
Wiederholung

domicilium	Wohnsitz; Haus
fīlius	Sohn
fīlia	Tochter
servus	Sklave

Lernwortschatz

	hīc *(Adv.)*	hier	
	esse	1. sein	
		2. *als Vollverb:* existieren; vorhanden sein (»es gibt«)	
	dominus	Herr; Hausherr	dominant
	domina	Herrin	
5	et	1. und	
		2. auch	
	etiam	auch	
	habitāre	(be)wohnen	e. in-habitant
	iam *(Adv.)*	schon	
	adesse	1. da sein	
		2. helfen	
10	exspectāre	(er)warten	e. to expect
	silentium	Stille; Schweigen	e. silence
	placēre	gefallen	
	sed	aber; sondern	
	ubī	wo?	
15	līberī	Kinder	
	cūr?	warum?	
	nōn	nicht	
	venīre	kommen	Ad-vent
	intrāre	eintreten; betreten	e. to enter
20	negōtium	1. Arbeit; Aufgabe	
		2. Geschäft; Handel	
	pārēre	gehorchen	parieren
	dēbēre	1. müssen *(mit Infinitiv)*	
		2. schulden	
		3. verdanken	
	subitō *(Adv.)*	plötzlich	
	spectāre	betrachten; (hin)schauen	Spektakel
25	caper *(Nom. Pl.* caprī)	Ziegenbock	

Lernwortschatz

Lektion 2
Wiederholung

līberī	Kinder
sed	aber; sondern
dēbēre	1. müssen
	2. schulden
	3. verdanken
pārēre	gehorchen
negōtium	1. Arbeit; Aufgabe
	2. Geschäft; Handel
subitō	plötzlich
cūr	warum?

Lernwortschatz

	statim *(Adv.)*	sofort	
	currere *(3. Pers. Pl.* currunt*)*	laufen; eilen	Kurier
	ibī *(Adv.)*	dort	→ ubi
	vidēre	sehen	Video
5	incitāre	1. erregen	
		2. antreiben	
	semper *(Adv.)*	immer	
	carrus	Karren	
	trahere *(3. Pers. Pl.* trahunt*)*	ziehen	Traktor
	verberāre	prügeln	
10	bēstia	Tier; Raubtier	
	licet *(+ Inf.)*	es ist erlaubt	Lizenz
	dīcere *(3. Pers. Pl.* dīcunt*)*	sagen	diktieren
	clāmāre	rufen; schreien	
	movēre	1. bewegen	e. to move
		2. beeindrucken	
15	dōnum	Geschenk	
	cupere *(3. Pers. Pl.* cupiunt*)*	wünschen; wollen	
	ita *(Adv.)*	so	
	necesse est *(+ Inf.)*	es ist notwendig	e. necessary
	apportāre	herbeitragen; (über)bringen	apportieren
20	invenīre	(er)finden	e. invention
	cūrāre *(+ Akk.)*	1. behandeln; pflegen	kurieren, Kur
		2. sich um etw. kümmern; sorgen (für)	
	vertere *(3. Pers. Pl.* vertunt*)*	drehen; wenden	
	relinquere *(3. Pers. Pl.* relinquunt*)*	1. verlassen	Reliquie
		2. unbeachtet lassen	
	cibus	Nahrung; Speise; Futter	

25	herba	Gras; Pflanze	
	frūmentum	Getreide	
	tandem *(Adv.)*	endlich	

Lektion 3
Wiederholung

necesse est *(+Inf.)*	es ist notwendig	
frūmentum	Getreide	
cupere *(3. Pers. Pl.* cupiunt)	wünschen; wollen	
dōnum	Geschenk	
tandem *(Adv.)*	endlich	
pater	Vater	

Lernwortschatz

	malus, a, um	schlecht; böse	↔ bonus
	inīquus, a, um	1. ungleich 2. ungerecht	
	bonus, a, um	gut	Bonus
	puer *(Nom. Pl.* puerī)	Junge	
5	fortūna	Zufall; Glück; Schicksal	Fortuna Düsseldorf / Köln
	miser, misera, miserum	bedauernswert; unglücklich	miserabel
	tolerāre	ertragen	tolerant
	tacēre	schweigen	
	emere *(3. Pers. Pl.* emunt)	kaufen	
10	ancilla	Sklavin	
	probus, a, um	tüchtig; anständig; gut	Probe
	vir	Mann	
	vēndere *(3. Pers. Pl.* vēndunt)	verkaufen	↔ emere
	ecce! *(indekl.)*	sieh / seht da! da ist	
15	pulcher, pulchra, pulchrum	schön	
	quoque *(nachgestellt)*	auch	= etiam
	multī, ae, a	viele	multi-medial
	certē *(Adv.)*	sicherlich	e. certain
	verbum	Wort	Verb (≠ Wort)
20	nōn iam	nicht mehr	
	audīre	hören	Audio
	familia	Hausgemeinschaft; Familie; Sklavenschar	
	puella	Mädchen	↔ puer
	vērē *(Adv.)*	wirklich	

Lernwortschatz

25	dēsinere (*3. Pers. Pl.* dēsinunt)	aufhören	
	errāre	sich irren; umherirren	e. error

Lektion 4
Wiederholung

vidēre	sehen	
adesse	1. da sein 2. helfen	
currere (*3. Pers. Pl.* currunt)	laufen; eilen	
silentium	Stille; Schweigen	
tacēre	schweigen	
fortūna	Zufall; Glück; Schicksal	
pater *m.* (*Akk.* patrem)	Vater	
māter *f.* (*Akk.* mātrem)	Mutter	

Lernwortschatz

	in (+ *Akk.*)	1. in *etw.* hinein *(wohin?)* 2. nach; gegen; zu	
	campus	Feld; freier Platz	Camping
	magnus, a, um	1. groß 2. bedeutend	»Magnum«
	turba	1. Menschenmenge 2. Lärm; Verwirrung	Turbine
5	homō *m.* (*Akk.* hominem)	Mensch *Pl.:* die Leute	
	laetus, a, um	fröhlich	
	per (+ *Akk.*)	1. durch; über (… hinaus) 2. während	
	carmen *n.* (*Nom. Pl.* carmina)	Lied; Gedicht; Gebet	
	cantāre	singen	Kantate
10	sacerdōs *m. / f.* (*Akk.* sacerdōtem)	Priester / Priesterin	
	imperātor *m.* (*Akk.* imperātōrem)	1. Oberbefehlshaber 2. Kaiser; Herrscher	Imperativ
	ad (+ *Akk.*)	zu; nach; bei; an	
	āra	Altar	
	nunc (*Adv.*)	jetzt; nun	
15	stāre	stehen	Stativ
	deus (*Nom. / Vok. Pl. statt* deī *meist* dī)	Gott	
	implōrāre	*jmdn.* anflehen	
	accipere (*3. Pers. Pl.* accipiunt)	1. annehmen; bekommen 2. erfahren	e. to accept; akzeptieren

	hostia	Opfertier	Hostie
20	dare	geben	
	pāx *f.* (*Akk.* pācem)	Friede	
	tum *(Adv.)*	dann; damals; darauf	
	immolāre	opfern	
	timēre	(sich) fürchten (vor)	
25	flēre	(be)weinen	
	frāter *m.* (*Akk.* frātrem)	Bruder	
	soror *f.* (*Akk.* sorōrem)	Schwester	
	plācāre	beruhigen	

Lektion 5
Wiederholung

frāter *m.* (*Akk.* frātrem)	Bruder
avus	Großvater
stāre	stehen
placēre	gefallen
dēsinere (*3. Pers. Pl.* dēsinunt)	aufhören

Lernwortschatz

	cum *(+ Abl.)*	mit	
	in *(+ Abl.)*	in *etw.* (*wo?*); an; auf; bei	
	hodiē *(Adv.)*	heute	
	pūgnāre	kämpfen	
5	hōra	Stunde	e. hour
	populus	Volk	e. people
	gaudēre *(+ Abl.)*	sich (über *etw.*) freuen	Gaudi
	adversārius	Gegner	
	vōx *f.* (*Akk.* vōcem)	1. Stimme 2. Wort; Äußerung	Vokal
10	salūtāre	grüßen	salutieren
	sīgnum	1. Zeichen 2. Feldzeichen 3. Statue	Signal; e. sign
	arma *n. Pl.*	Waffen	Armee
	incipere (*3. Pers. Pl.* incipiunt)	anfangen	
	vīs *f.* (*Akk.* vim, *Abl.* vī; *Nom. Pl.* vīrēs)	1. Kraft 2. Gewalt *Pl. auch:* Streitkräfte	≠ vir, virī

Lernwortschatz

15 petere (*3. Pers. Pl.* petunt) [»anpeilen«]
1. aufsuchen; sich begeben
2. verlangen; (er)bitten
3. angreifen
Etc., beachte das Rondogramm!

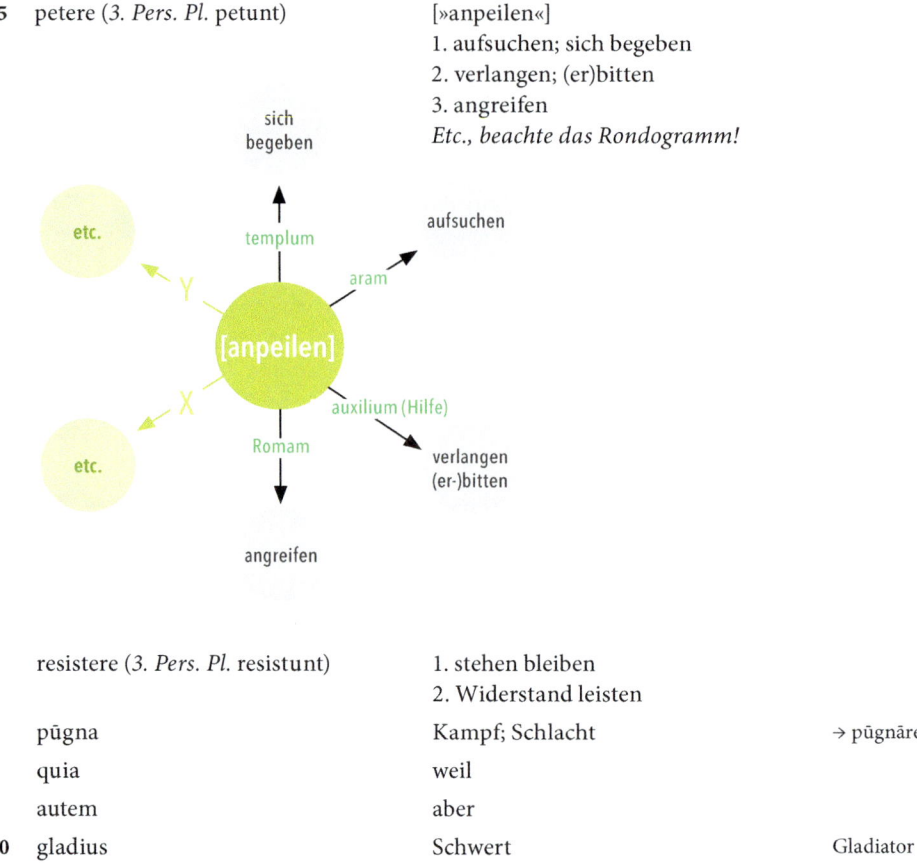

resistere (*3. Pers. Pl.* resistunt)	1. stehen bleiben 2. Widerstand leisten	
pūgna	Kampf; Schlacht	→ pūgnāre
quia	weil	
autem	aber	
20 gladius	Schwert	Gladiator
āmittere (*3. Pers. Pl.* āmittunt)	verlieren	
iacēre	liegen	
tōtus, a, um	ganz; gesamt	total
corpus *n.* (*Nom. Pl.* corpora)	Körper	
25 dolus	List	
ē, ex (+ *Abl.*)	aus *etw.* heraus; von *etw.* her	e. exit
ā, ab (+ *Abl.*)	von; von *etw.* her	
vīta	Leben	

Lektion 6
Wiederholung

gaudēre (+ *Abl.*)	sich (über *etw.*) freuen
vidēre	sehen
audīre	hören
āra	Altar
adesse	1. da sein 2. helfen

Lernwortschatz

	salvēte!	Seid gegrüßt! Guten Tag!	
	quod	weil	= quia
	tū (*Akk.* tē)	du (*Akk.* dich)	
	nōs (*Akk.* nōs)	wir (*Akk.* uns)	
5	iterum	wiederum; noch einmal	
	sacrificium	Opfer	
	egō (*Akk.* mē)	ich (*Akk.* mich)	Egoist
	imprīmīs (*Adv.*)	vor allem	
	nōnne …?	etwa nicht? (*man erwartet die Antwort:* doch)	
10	nōn sōlum …, sed etiam	nicht nur …, sondern auch	
	poëta *m.*	Dichter	Poet
	tam (*Adv.*)	so	
	clārus, a, um	1. hell; strahlend 2. berühmt	klar
	uxor *f.* (*Akk.* uxōrem)	Ehefrau	
15	vōs (*Akk.* vōs)	ihr (*Akk.* euch)	
	-ne …?	*Fragepartikel*	
	lūdus	1. Spiel 2. Wettkampf 3. Schule	
	dēlectāre	erfreuen; jmdm. Spaß machen	
	dē (+ Abl.)	von *etw.* herab; von *etw.* weg; über *etw.*	
20	marītus	Ehemann	↔ uxor
	num …?	denn; etwa? (*man erwartet die Antwort:* nein)	↔ nōnne
	etiamsī	auch wenn	
	nūllus, a, um	kein; keiner	Null
	fortasse (*Adv.*)	vielleicht	

Lektion 7
Wiederholung

homō, hominis *m.*	Mensch; *Pl.* die Leute
turba, ae	1. Menschenmenge 2. Lärm; Verwirrung
vir, virī	Mann
apportāre	herbeitragen; (über)bringen
vīs *f.* (*Sg.*: *Akk.* vim, *Abl.* vī; *Pl.*: vīrēs, vīrium)	1. Kraft 2. Gewalt *Pl. auch:* Streitkräfte

Lernwortschatz

Lernwortschatz

clāmor, ōris *m.*	Geschrei	→ clāmāre
mulier, ris *f.*	Frau	↔ vir
flamma, ae	Flamme; Feuer	
taberna, ae	1. Laden; Werkstatt 2. Gasthaus	Taverne
5 mercātor, ōris *m.*	Kaufmann	Markt
ārdēre	brennen; glühen	
atque/ac	und	
iterum atque iterum	immer wieder	
aqua, ae	Wasser	*Aquä*-dukt
10 fundere, fundō	1. (ver)gießen 2. zerstreuen; in die Flucht schlagen	
auxilium, ī	Hilfe	
vincere, vincō	(be)siegen	e. victory
incendium, ī	Brand	
dēlēre	zerstören	e. to delete
15 merx, cis *f.* (*Gen. Pl.* mercium)	Ware	→ mercātor
meus, a, um	mein	
lucrum, ī	Gewinn	lukrativ
annus, ī	Jahr	
miseria, ae	Unglück	→ miser
20 noster, nostra, nostrum	unser	
bonum, ī bona, ōrum	das Gute Hab und Gut; Besitz	→ bonus, a, um
vocāre	1. rufen 2. nennen	Vokativ
salūs, salūtis *f.*	1. Wohlergehen 2. Rettung	
vester, vestra, vestrum	euer	↔ noster
25 tuus, a, um	dein	
iuvāre (+ *Akk.*)	1. unterstützen; helfen (*im Dt. mit Dativ!*) 2. erfreuen	
suus, a, um	sein / ihr	

Lernwortschatz

Lektion 8
Wiederholung

placēre	gefallen
herba, ae	Gras; Pflanze
cūrāre *(+ Akk.)*	1. behandeln; pflegen
	2. sich *um etw.* kümmern; sorgen (für)
licet *(+Dat. + Inf.)*	es ist erlaubt
dare	geben
incitāre	1. erregen
	2. antreiben

Lernwortschatz

	maximē *(Adv.)*	am meisten; sehr; besonders	maximal
	magis *(Adv.)*	mehr	
	equus, ī	Pferd	
	praebēre	geben	
5	rogāre	1. fragen	
		2. bitten	
	respondēre	antworten	e. response
	mēcum	mit mir	
	pecus, oris *n.*	Vieh	
	asinus, ī	Esel	
10	inquit *(eingeschoben in die direkte Rede)*	er, sie, es sagt(e)	
	habēre	haben	
	posse	können; Einfluss haben	
	itaque	deshalb	
	capere, capiō	»packen«	
		1. erobern	
		2. nehmen	
		3. erhalten	
		Etc., beachte das Rondogramm!	

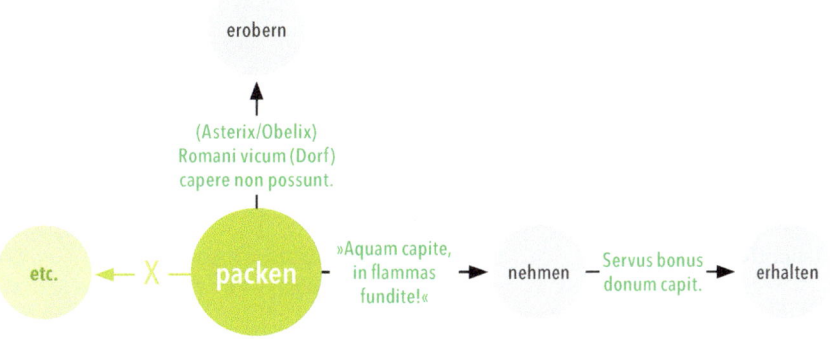

Lernwortschatz

15	comprehendere, comprehendō	1. ergreifen; festnehmen 2. begreifen	e. comprehension
	reprehendere, reprehendō	tadeln	
	quaerere, quaerō	suchen	
	quaerere ex *(+ Abl.)*	(suchen →) *jmdn.* fragen	e. question
	neque/nec	und nicht; aber nicht	
	neque … neque/nec … nec	weder … noch	
	dēnique *(Adv.)*	zuletzt; schließlich	
20	hortus, ī	Garten	Hort
	properāre	eilen	

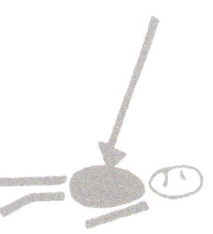

Lektion 9
Wiederholung

līberī, ōrum	Kinder
dīcere, dīcō	sagen
pārēre	gehorchen
dēbēre	1. müssen 2. schulden 3. verdanken
semper *(Adv.)*	immer
verbum, ī	Wort
necesse est *(+Inf.)*	es ist notwendig

Lernwortschatz

	sī	falls; wenn	
	cēnsēre	1. meinen 2. beschließen	
	diū *(Adv.)*	lange *(zeitl.)*	
	mortuus, a, um	tot	
5	īgnōrāre	nicht kennen; nicht wissen	Ignorant
	nōn īgnōrāre	genau kennen; genau wissen	
	tamen	trotzdem	
	putāre	1. glauben; meinen 2. für *etw.* halten	
	labōrāre	1. sich bemühen; arbeiten 2. in Schwierigkeiten sein; leiden	Labor
	lūdere, lūdō	spielen	

Lernwortschatz

10	officium, ī	Dienst; Pflicht(erfüllung)	Offizier
	facere, faciō	tun; machen	
	nam	denn	
	virtūs, tūtis *f.*	*alles, was einen echten* vir *auszeichnet:* Tapferkeit; Tüchtigkeit; Tugend; Vortrefflichkeit *Etc., beachte das Rondogramm!*	

	Rōmānus, a, um	römisch	
15	Rōmānus, ī	Römer	
	iubēre	befehlen	
	cōnstat *(+ AcI)*	es steht fest, dass	konstant
	amāre	lieben; mögen	Amateur
	libenter *(Adv.)*	gern	
20	gaudium, ī	Freude	→ gaudēre
	īra, ae	Zorn	

Lernwortschatz

Lektion 10
Wiederholung

taberna, ae	1. Laden; Werkstatt 2. Gasthaus
vēndere, vēndō	verkaufen
trahere, trahō	ziehen
resistere, resistō	1. stehen bleiben 2. Widerstand leisten
vincere, vincō	(be)siegen

Lernwortschatz

	is, ea, id	der; dieser; er	
	vestis, is *f.*	Bekleidung	Weste
	varius, a, um	1. verschieden 2. bunt; vielfältig	variieren
	quid?	was?	
5	toga, ae	Toga	
	cārus, a, um	1. teuer; wertvoll 2. lieb	Caritas
	minimē *(Adv.)*	ganz und gar nicht; am wenigsten	minimal
	intellegere, intellegō	bemerken; verstehen	intelligent
	eques, equitis *m.*	1. Reiter 2. Ritter	→ equus
10	novus, a, um	neu	
	alius, alia, aliud	ein anderer	
	neglegere, neglegō	1. nicht beachten; missachten 2. vernachlässigen	e. to neglect
	forum, ī	Forum; Marktplatz	
	pānis, is *m.*	Brot	
15	profectō *(Adv.)*	in der Tat; sicherlich	
	cupidus, a, um *(+ Gen.)*	gierig (auf *etw.*)	→ cupere
	monēre	(er)mahnen	
	cupiditās, tātis *f.*	Begierde (nach *etw.*); Leidenschaft	→ cupidus, cupere
	ergō	also	
20	idōneus, a, um	geeignet (für *etw.*)	
	dignus, a, um *(+ Abl.)*	einer Sache würdig	
	-que	und	
	pretium, ī	Preis; Lohn	
	numquam *(Adv.)*	niemals	↔ semper
25	pecūnia, ae	Geld	
	ōrnāmentum, ī	Schmuck	Ornament

Lektion 11

Wiederholung

hortus, ī	Garten
malus, a, um	schlecht; böse
timēre	(sich) fürchten (vor)
itaque	deshalb
iubēre	befehlen
libenter *(Adv.)*	gern

Lernwortschatz

īre, eō	gehen	
fābula, ae	Geschichte; Erzählung	Fabel
agere, agō	»treiben« 1. tun; handeln 2. verhandeln *Etc., beachte das Rondogramm!*	

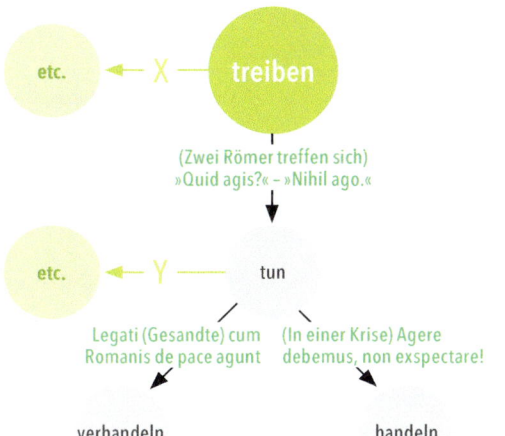

rēx, rēgis *m.*	König	regieren
5 nārrāre	erzählen	e. narrator
quamquam	obwohl	
virgō, virginis *f.*	(junge) Frau	
parere, pariō	1. gebären 2. hervorbringen; erwerben	≠ pārēre
rēgnum, ī	1. Königsherrschaft; Alleinherrschaft 2. Königreich	→ rēx
10 fīdus, a, um	treu	
ab-īre, -eō	weggehen	→ īre
flūmen, flūminis *n.*	Fluss	

Lernwortschatz

	necāre	töten	
	rē vērā	wirklich; tatsächlich	
15	servāre	retten; bewahren	Kon-*serve*
	haerēre	hängen; stecken bleiben	
	nōtus, a, um	bekannt	→ īg-nōrāre
	trādere, trādō	1. übergeben 2. überliefern	Tradition
	haud *(Adv.)*	nicht; nicht gerade	
20	simulāre	vortäuschen	simulieren
	ad-īre, -eō	»*jmdn.* an-gehen« 1. zu … gehen 2. angreifen	
	pōnere, pōnō	stellen; legen	Position
	stultus, a, um	dumm	
	altus, a, um	1. tief 2. hoch	
25	sīc *(Adv.)*	so	
	dēmōnstrāre	(deutlich) zeigen; beweisen	demonstrieren

Lektion 12
Wiederholung

exspectāre	(er)warten	
ubi?	wo?	
agere, agō	»treiben« 1. tun; handeln 2. verhandeln	
uxor, uxōris *f.*	Ehefrau	
mulier, ris *f.*	Frau	
salūs, salūtis *f.*	1. Wohlergehen 2. Rettung	
licet *(+ Inf.)*	es ist erlaubt	

Lernwortschatz

	gēns, gentis *f. (Gen. Pl.* gentium)	1. (vornehme) Familie; Geschlecht 2. Volk; Stamm	e. *gentle*-man
	antīquus, a, um	alt	Antiquität
	postquam	nachdem	
	urbs, urbis *f. (Gen. Pl.* urbium)	(sehr) bedeutende Stadt; Rom	
5	amīcus, ī	Freund	
	aedificāre	bauen	

	ūnus, a, um	1. ein (einziger) 2. einzigartig	
	multum *(Adv.)*	1. viel; sehr 2. oft	*multi*-plizieren
	sine *(+ Abl.)*	ohne	↔ cum
10	vīvere, vīvō	leben	→ vīta
	dēlīberāre	überlegen	
	dūcere, dūcō	1. führen 2. meinen; für *etw.* halten	
	parāre	(vor)bereiten	≠ pārēre; ≠ parere
	invītāre	einladen	e. to invite
15	volāre	fliegen	
	rapere, rapiō	rauben; (weg)reißen	
	bellum, ī	Krieg	↔ pax
	contrā *(+ Akk.)*	gegen	»pro und contra«
	fīnis, is *m. (Gen. Pl.* fīnium)	1. Grenze (*im Pl. auch* Gebiet); Ende 2. Ziel; Zweck	Finale; e. to finish
20	sōlus, a, um	allein	Solo
	tamquam *(Adv.)*	wie	

Lektion 13
Stammformen bekannter Verben

venīre, veniō, vēnī, ventum	kommen
agere, agō, ēgī, āctum	»treiben« 1. tun; handeln 2. verhandeln
cupere, cupiō, cupīvī, cupītum	wünschen; wollen
ārdēre, ārdeō, ārsī, –	brennen; glühen
posse, possum, potuī, –	können; Einfluss haben
dēlēre, dēleō, dēlēvī, dēlētum	zerstören
ad-īre, -eō, -iī, -itum	»*jmdn.* an-gehen« 1. zu … gehen 2. angreifen
flēre, fleō, flēvī, flētum	(be)weinen
dare, dō, dedī, datum	geben
facere, faciō, fēcī, factum	tun; machen
adesse, adsum, affuī, –	1. da sein 2. helfen
dīcere, dīcō, dīxī, dictum	sagen

Lernwortschatz

Lernwortschatz

grātia, ae	*Positives Verhältnis zwischen Menschen:* 1. Ausstrahlung 2. Beliebtheit; Sympathie 3. Gefälligkeit 4. Dank *Etc., beachte das Rondogramm!*	
grātiās agere	danken	

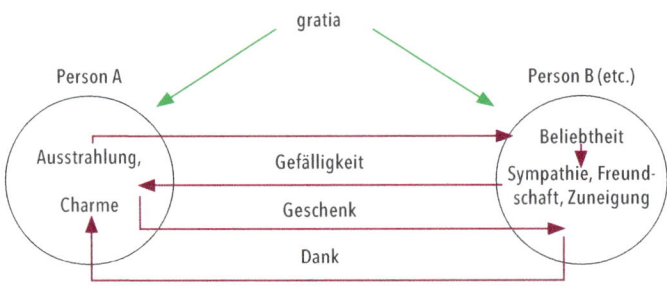

	nūper *(Adv.)*	kürzlich	
	ex-stinguere, -stinguō, -stīnxī, -stīnctum	auslöschen; vernichten	
	nihil	nichts	
5	praeter *(+ Akk.)*	außer	
	re-manēre, -maneō, -mānsī, –	(zurück)bleiben	e. to remain
	dēspērāre	verzweifeln	
	calamitās, ātis *f.*	Unglück; Schaden	
	beneficium, ī	Wohltat	→ bonus
10	tribuere, tribuō, tribuī, tribūtum	zuteilen	Tribut
	re-stituere, -stituō, -stituī, -stitūtum	wiederherstellen	
	rumpere, rumpō, rūpī, ruptum	(zer-)brechen	
	re-movēre, -moveō, -mōvī, -mōtum	entfernen	e. to remove
	mūrus, ī	Mauer	
15	re-parāre	wiederherstellen; reparieren	e. to repair
	com-plēre, -pleō, -plēvī, -plētum	anfüllen	komplett
	plūs	mehr	Plus (Mathematik)
	quam	als; wie	
	anteā *(Adv.)*	vorher; früher	
20	rūrsus *(Adv.)*	wieder	
	fāma, ae	(guter / schlechter) Ruf; Gerücht	famos, e. famous
	augēre, augeō, auxī, auctum	vergrößern	Auktion
	opus est *(+ Abl.)*	man braucht; es ist nötig	mihi opus est aquā

Lektion 14
Stammformen bekannter Verben

petere, petō, petīvī, petītum	[»anpeilen«] 1. aufsuchen; sich begeben 2. verlangen; (er)bitten 3. angreifen
invenīre, inveniō, invēnī, inventum	(er)finden
fundere, fundō, fūdī, fūsum	1. (ver)gießen 2. zerstreuen; in die Flucht schlagen
vincere, vincō, vīcī, victum	(be)siegen
dēsinere, dēsinō, dēsiī, dēsitum	aufhören
accipere, accipiō, accēpī, acceptum	1. annehmen; bekommen 2. erfahren

Lernwortschatz

clādēs, is *f.* (*Gen. Pl.* clādium)	1. Niederlage 2. Katastrophe	
nātiō, ōnis *f.*	Volk; Volksstamm	Nation, e. nation
Germānus, ī	Germane	
trāns-īre, -eō, -iī, -itum	hinübergehen; überqueren	
5 mīles, mīlitis *m.*	Soldat	Militär
re-pellere, repellō, reppulī, repulsum	vertreiben; zurückschlagen	
contendere, -tendō, -tendī, -tentum	[»sich anstrengen«] 1. kämpfen 2. eilen 3. behaupten *Etc., beachte das Rondogramm!*	

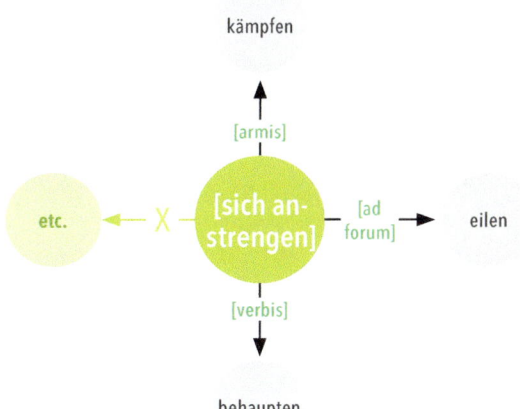

Lernwortschatz

	re-cipere, -cipiō, -cēpī, -ceptum	zurücknehmen; empfangen	to receive
	sē recipere	sich zurückziehen	
	tergum, ī	Rücken	
10	modo *(Adv.)*	1. nur	
		2. gerade eben (noch)	
	comperīre, comperiō, comperī, compertum	erfahren	
	cōpia, ae	1. Menge; Vorrat	
		2. Möglichkeit	
	cōpiae, ārum	*Pl.:* Truppen	
	vix *(Adv.)*	kaum	
	crēdere, crēdō, crēdidī, crēditum	1. glauben	Kredit
		2. anvertrauen	
15	praeclārus, a, um	hochberühmt; ausgezeichnet	
	voluptās, ātis *f.*	Lust; Vergnügen	
	senātor, ōris *m.*	Senator	
	legiō, ōnis *f.*	Legion	
	nostrī, ōrum	unsere Leute; die Unsrigen	
20	ē-ripere, -ripiō, -ripuī, -reptum	entreißen	
	indignus, a, um *(+ Abl.)*	*einer Sache* unwürdig	↔ dignus
	tantus, a, um	so groß	
	oportet	es gehört sich; es ist nötig	
	spērāre	hoffen	↔ dēspērāre
25	pergere, pergō, perrēxī, perrēctum	1. weitermachen; fortsetzen	
		2. aufbrechen (≈ sich auf den Weg machen)	

Lektion 15
Stammformen bekannter Verben

intellegere, intellegō, intellēxī, intellēctum	bemerken; verstehen	
quaerere, quaerō, quaesīvī, quaesītum	suchen	
quaerere ex *(+ Abl.)*	(suchen →) *jmdn.* fragen	
respondēre, respondeō, respondī, respōnsum	antworten	
dūcere, dūcō, dūxī, ductum	1. führen	
	2. meinen; für *etw.* halten	
iubēre, iubeō, iussī, iussum	befehlen	

Lernwortschatz

quōmodo	wie
nūptiae, ārum	Hochzeit

	cum *(+ Ind.)*	als; immer, wenn	
	con-venīre, -veniō, -vēnī, -ventum	»zusammenkommen« 1. *jmdn.* treffen 2. sich einigen	Konvention
5	hospes, hospitis *m.*	Fremder; Gast	Hospital
	domum *(Adv.)*	nach Hause	
	scīre, sciō, scīvī, scītum	wissen	e. science
	ne-scīre, nesciō, nescīvī, nescītum	nicht wissen	↔ scīre
	rīdēre, rīdeō, rīsī, rīsum	lachen	e. ridiculous
10	quandō *(Adv.)*	wann	
	littera, ae	Buchstabe *Pl.:* [»Geschriebenes«] 1. Brief 2. Wissenschaften 3. Literatur *Etc., beachte das Rondogramm!*	

	Graecus, a, um	griechisch	
	Graecus, ī	Grieche	
	studēre *(+ Dat.)*	sich bemühen (um)	Student
15	legere, legō, lēgī, lēctum	1. sammeln; auswählen 2. lesen	Lektüre
	amor, amōris *m.*	Liebe	
	nūbere, nūbō, nūpsī, nūptum *(+ Dat.)*	heiraten	→ nūptiae
	mox *(Adv.)*	bald	

Lernwortschatz

	herī *(Adv.)*	gestern	e. honest
20	honestus, a, um	ehrenhaft; angesehen	
	dōs, dōtis *f.*	Mitgift	→ dare
	amplus, a, um	1. weit 2. groß; bedeutend	
	prōmittere, prōmittō, prōmīsī, prōmissum	versprechen	e. to promise

Lektion 16
Stammformen bekannter Verben und Wiederholungswörter

iuvāre, iuvō, iūvī, iūtum	1. unterstützen; helfen 2. erfreuen
āmittere, āmittō, āmīsī, āmissum	verlieren
parere, pariō, peperī, partum	1. gebären 2. hervorbringen; erwerben
vōx, vōcis *f.*	1. Stimme 2. Wort; Äußerung
laetus, a, um	fröhlich
praebēre	geben

Lernwortschatz

	coniūnx, coniugis *m. / f.*	Ehemann / Ehefrau	
	propter *(+ Akk.)*	wegen	
	ōs, ōris *n.*	Mund; Gesicht	»Oral-B«
	oculus, ī	Auge	
5	fōrma, ae	Form; Gestalt; Schönheit	
	iūcundus, a, um	angenehm	
	cor, cordis *n.*	Herz	
	dīligere, dīligō, dīlēxī, dīlēctum	schätzen; lieben	
	optimus, a, um	der beste; sehr gut	optimal, Optimist
10	crās *(Adv.)*	morgen	↔ herī

	domō *(Adv.)*	von zu Hause	↔ domum
	ex-īre, exeō, exiī, exitum	hinausgehen	e. exit
	vīlla, ae	Haus	
	trēs, trēs, tria	drei	i. tre
15	duo, duae, duo	zwei	i. due
	prīmum *(Adv.)*	zuerst; zum ersten Mal	
	aut	oder	
	vērus, a, um	1. wahr 2. richtig; echt	
	dea, ae	Göttin	
20	colere, colō, coluī, cultum	»sich intensiv beschäftigen mit« 1. bewirtschaften 2. pflegen 3. verehren *Etc., beachte das Rondogramm!*	

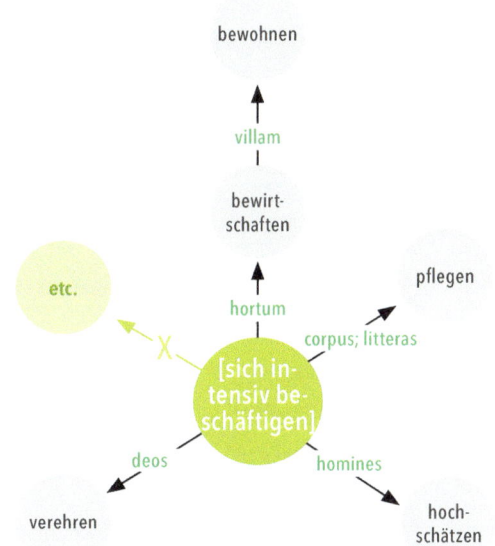

	ōrāre	bitten	Oratorium
	vel	oder	= aut
	metuere, metuō, metuī, –	(sich) fürchten	= timēre
	ops, opis *f.* *Pl.* opēs, opum	Kraft; Hilfe *Pl.*: Macht; Streitkräfte; Reichtum	
25	saepe *(Adv.)*	oft	
	ōtium, ī	1. Ruhe 2. freie Zeit 3. Frieden	

Lernwortschatz

Lektion 17
Stammformen bekannter Verben

neglegere, neglegō, neglēxī, neglēctum	1. nicht beachten; missachten 2. vernachlässigen
relinquere, relinquō, relīquī, relictum	1. verlassen 2. unbeachtet lassen
trādere, trādō, trādidī, trāditum	1. übergeben 2. überliefern
vidēre, videō, vīdī, vīsum	sehen
comprehendere, -prehendō, -prehendī, -prehēnsum	1. ergreifen; festnehmen 2. begreifen
rapere, rapiō, rapuī, raptum	rauben; (weg)reißen
capere, capiō, cēpī, captum	»packen« 1. erobern 2. nehmen 3. erhalten
movēre, moveō, mōvī, mōtum	1. bewegen 2. beeindrucken

Lernwortschatz

nūntius, ī	Bote; Nachricht	e. to an-nounce
dolor, dolōris *m.*	Schmerz	
post *(+ Akk.)*	nach; hinter	
barbarus, a, um	1. ausländisch 2. unzivilisiert	Barbar
5 salvus, a, um	gesund; am Leben	→ salvē »lebe wohl«
reddere, reddō, reddidī, redditum	1. zurückgeben 2. zu *etw.* machen	→ dare
et … et	sowohl … als auch	
saevus, a, um	schrecklich	
superāre	besiegen; übertreffen	
10 prō *(+ Abl.)*	1. vor 2. für; an Stelle von *etw.* 3. im Verhältnis zu *etw.*	vgl. im Dt. die entsprechende Bedeutungsvielfalt von »für«
patria, ae	Heimat	→ pater
red-īre, -eō, -iī, -itum	zurückgehen	
tempus, temporis *n.*	Zeit	
fugere, fugiō, fūgī, fugitum	fliehen	

15	victōria, ae	Sieg	e. victory
	cīvis, cīvis *m.* (*Gen. Pl.* cīvium)	Bürger	zivil
	modus, ī	Art (und Weise)	Mode
	honōs (= honor), honōris *m.*	Ehre; Ehrenamt	e. honour
	per-venīre, -veniō, -vēnī, -ventum	hinkommen; erreichen	
20	aliquandō *(Adv.)*	irgendwann	
	praetor, ōris *m.*	Prätor	
	cōnsul, cōnsulis *m.*	Konsul	
	animus, ī	[»das tätige Innenleben«] Geist; Sinn; Gesinnung; Herz; Mut *Etc., beachte das Rondogramm!*	animieren

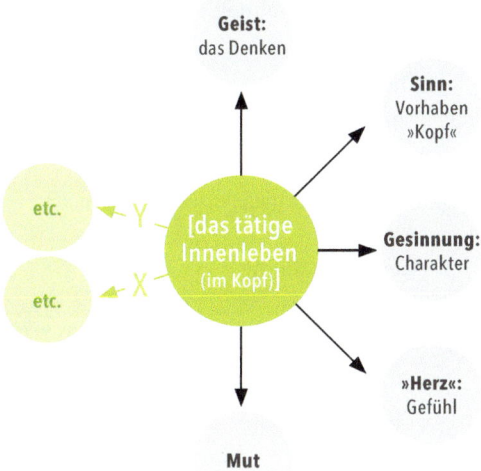

bene *(Adv.)*   gut   → bonus

Lernwortschatz

Lektion 18

Wiederholung und neue Stammformen

īre, eō, iī, itum	gehen
resistere, resistō, restitī, –	1. stehen bleiben
	2. Widerstand leisten
incipere, incipiō, coepī, coeptum	anfangen
cōnstat *(+ AcI)*	es steht fest, dass

Lernwortschatz

	nōbilis, e	berühmt; adlig; edel	nobel
	locus, ī	Ort	Lokal
	īnsula, ae	1. Insel, 2. Wohnblock	
	dulcis, e	süß; angenehm	
5	apud *(+ Akk.)*	bei	
	ēloquentia, ae	Beredsamkeit	
	melior, melius *(Gen.* meliōris*)*	besser	
	sē dēdere, dēdō, dēdidī, dēditum *(+ Dat.)*	sich *jdm.* ausliefern; sich *einer Sache* widmen	
	discere, discō, didicī, –	lernen; erfahren	
10	somnus, ī	Schlaf	
	dum *(+ Ind. Präs.)*	während	
	omnis, e	1. jeder, 2. ganz	
	omnēs, omnium	alle	Omnibus
	discipulus, ī	Schüler	→ discere
	ācer, ācris, ācre	scharf; heftig	
15	ōrātiō, iōnis *f.*	Rede	
	laus, laudis *f.*	Lob; Ruhm	
	doctus, a, um	gelehrt; gebildet	Doktor
	ēlegāns *(Gen.* ēlegantis*)*	geschmackvoll	elegant
	singulāris, e	einzeln; einzigartig	Singular
20	tollere, tollō, sustulī, sublātum	1. aufheben: hochheben	
		2. aufheben: beseitigen	
	laudāre	loben	→ laus
	praedicāre	laut verkünden; rühmen	predigen
	simul *(Adv.)*	zugleich; gleichzeitig	Simultandolmetscher
	ultimus, a, um	der letzte; der äußerste	
25	humānitās, tātis *f.*	Menschlichkeit; Bildung	
	pār *(Gen.* paris*)*	gleich	Paar
	pār atque/ac	gleich wie	
	studium, ī	Eifer; Interesse; Beschäftigung	Studium

Lektion 19
Wiederholung

necāre	töten
crēdere, crēdō, crēdidī, crēditum	1. glauben 2. anvertrauen
timēre	(sich) fürchten (vor)
salūs, salūtis *f.*	1. Wohlergehen 2. Rettung
salūtī timēre	um sein Wohlergehen fürchten

Lernwortschatz

	nāvis, is *f. (Gen. Pl.* nāvium)	Schiff	Navigation
	quī, quae, quod	der, die, das *(Relativpronomen)*	
	opprimere, opprimō, oppressī, oppressum	1. niederdrücken; bedrohen 2. überfallen	
	aliquot *(indekl.)*	einige	
5	vinculum, ī	Band; Fessel	
	tenēre	halten; haben	
	obses, obsidis *m./f.*	Geisel	
	terrēre	*jdn.* erschrecken	Terror
	orbis, is *m.*	Kreis	Orbit
10	terra, ae	Land; Erde	Terrarium
	orbis terrārum	Erdkreis	
	perīculum, ī	Gefahr	
	vīgintī *(indekl.)*	zwanzig	
	poscere, poscō, poposcī, –	fordern	
	sponte (meā, tuā, suā …)	freiwillig	spontan
15	prō-pōnere, -pōnō, -posuī, -positum	vorlegen; vorschlagen	
	rēctē *(Adv.)*	richtig, zu Recht	
	fātum, ī	Götterspruch; Schicksal	fatal
	regere, regō, rēxī, rēctum	lenken; leiten; beherrschen	regieren
	solvere, solvō, solvī, solūtum	1. lösen 2. bezahlen	
20	oppidum, ī	Stadt, befestigte Siedlung	
	cavēre *(+ Akk.)*	sich *vor etw.* hüten	
	poena, ae	Strafe	
	poenam dare	Strafe erleiden: für *etw.* bestraft werden: für *etw.* büßen	
	nēmō, nēminis	niemand	
	nēmō vestrum	niemand von euch	
	captīvus, ī	Gefangener	→ capere
25	ef-fugere, -fugiō, -fūgī	entfliehen	
	līber, lībera, līberum	frei	liberal, e. liberty

Lektion 20

Wiederholung und neue Stammformen

stāre, stō, stetī, statum	stehen
rēgnum, ī	1. Königsherrschaft; Alleinherrschaft 2. Königreich
relinquere, relinquō, relīquī, relictum	1. verlassen 2. unbeachtet lassen
errāre	sich irren; umherirren
mortuus, a, um	tot
animus, ī	[»das tätige Innenleben«]: Geist; Sinn; Gesinnung; Herz; Mut
bonō animō esse	guten Mutes sein

Lernwortschatz

	porta, ae	Tor	Portal
	īnferī, ōrum	Unterirdische; Bewohner der Unterwelt	Inferno
	iussū (+ *Gen.*)	auf *jds.* Befehl	→ iubēre
	mare, maris *n.* (*Abl. Sg.* marī, *Nom. Pl.* maria)	Meer	
5	cūra, ae	Sorge; Pflege	→ cūrāre; Kur
	gravis, e	schwer; ernst; wichtig	gravierend
	umbra, ae	Schatten	e. umbrella
	inānis, e	leer; wertlos	
	cognōscere, cognōscō, cognōvī, cognitum	kennenlernen; erkennen	kognitiv
10	causa, ae	»Motiv; Beweg-grund« 1. Grund; Ursache 2. (juristisch:) Schuld; Fall; Prozess 3. Sachverhalt; Sache *Etc., beachte das Rondogramm!*	

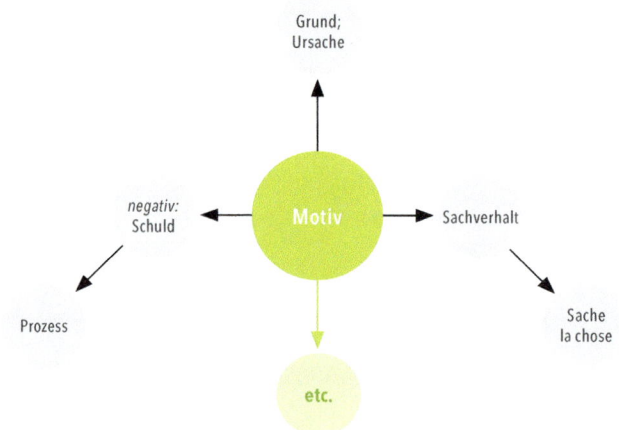

Lernwortschatz

	quā dē causā	aus welchem Grund? weshalb? (*rel. Satzanschluss:* deshalb)
	pius, a, um	»respektvoll«: fromm, pflichtbewusst *Beachte das Rondogramm zu* pietās!
	dēscendere, dēscendō, dēscendī, dēscēnsum	herabsteigen
	ingēns (*Gen.* ingentis)	riesig; ungeheuer
15	anima, ae	1. Atem 2. Seele 3. Leben
	pietās, tātis *f.*	»Respekt« 1. Gottesfurcht 2. Pflichtgefühl *Etc., beachte das Rondogramm!*

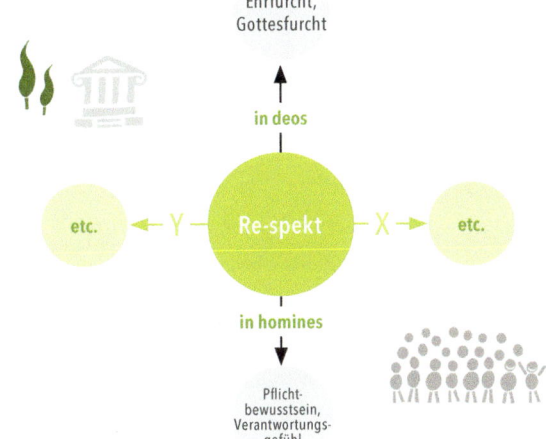

	iter, itineris *n.*	Weg; Marsch; Reise	→ īre
	dūrus, a, um	hart; beschwerlich	
	docēre, doceō, docuī, doctum	lehren; unterrichten	→ doctus
20	condere, condō, condidī, conditum	1. gründen; erbauen 2. verwahren; verstecken	
	septem (*indekl.*)	sieben	
	mōns, montis *m.* (*Gen. Pl.* montium)	Berg	e. mountain
	circum-dare, -dō, -dedī, -datum	umgeben	
	fortis, e	stark; tapfer	Forte
25	genus, generis *n.*	Abstammung; Geschlecht; Art	
	appellāre	nennen	Appell
	im-pōnere, -pōnō, -posuī, -positum	auferlegen	
	re-dūcere, -dūcō, -dūxī, -ductum	zurückführen	

Lernwortschatz

Lektion 21
Wiederholung

magis *(Adv.)*	mehr
properāre	eilen; sich beeilen
tam *(Adv.)*	so
tollere, tollō, sustulī, sublātum	1. hochheben; aufheben 2. beseitigen
ōrnāmentum, ī	Schmuck
cōpia, ae	1. Menge; Vorrat 2. Möglichkeit *Pl.:* Truppen
reddere, reddō, reddidī, redditum	1. zurückgeben 2. zu *etw.* machen

Lernwortschatz

	plēnus, a, um *(+ Gen.)*	voll von *etw.*	
	triumphus, ī	Triumph; Siegeszug	
	culpa, ae	Schuld	
	sērō *(Adv.)*	spät; zu spät	
5	sīn	wenn aber	
	medius, a, um	der mittlere *(räuml. u. zeitl.);* Mittel-	Medium
	prīmus, a, um	der erste; der wichtigste	Prim(zahl)
	cernere, cernō, crēvī, crētum	wahrnehmen; sehen; bemerken	
	mīrus, a, um	1. merkwürdig; erstaunlich 2. wunderbar	e. to admire
10	aurum, ī	Gold	
	argentum, ī	Silber	
	tabula, ae	1. Brett; Tafel 2. Verzeichnis; Karte	Tafel
	templum, ī	Tempel	
	hostis, is *m.* (Gen. Pl. hostium)	Feind	
15	parcere, parcō, pepercī *(+ Dat.)*	1. *etw./jdn.* schonen; auf *jdn.* Rücksicht nehmen 2. sparen	
	agmen, agminis *n.*	Heereszug; Schar	→ agere
	trīstis, e	traurig	trist
	iūstus, a, um	gerecht	Justiz
	oppūgnāre	angreifen	→ pūgnāre
20	nisī	wenn nicht	→ sī
	nihil nisī/nōn … nisī	nicht(s) außer; nur	
	socius, ī	Bündnispartner; Verbündeter; Kamerad	sozial
	Iuppiter, Iovis	Jupiter	
	similis, e *(+ Gen. oder Dat.)*	*jdm./einer Sache* ähnlich	

Lernwortschatz

Lektion 22

Wiederholung und neue Stammformen

saepe *(Adv.)*	oft
lūdere, lūdō, lūsī, lūsum	spielen
herba, ae	Gras; Pflanze
metuere, metuō, metuī, –	(sich) fürchten
praebēre	geben
pergere, pergō, perrēxī, perrēctum	1. weitermachen; fortsetzen 2. aufbrechen (≈ sich auf den Weg machen)

Lernwortschatz

fingere, fingō, fīnxī, fictum	1. gestalten 2. sich *etw.* ausdenken	Fiktion
taurus, ī	Stier	sp. torro
sedēre, sedeō, sēdī, sessum	sitzen	
vulgus, ī *n.*	Volk; Menge; die große Masse	vulgär
5 quidem *(Adv.)*	allerdings	
cum *(+ Konj.)*	1. *(temporal):* als; nachdem 2. *(kausal):* weil 3. *(konzessiv):* obwohl	
lītus, lītoris *n.*	Strand; Küste	
aspicere, aspiciō, aspexī, aspectum	erblicken	
placidus, a, um	friedlich; sanft	→ placēre
10 prīmō *(Adv.)*	zuerst; anfangs	→ prīmus, a, um
tangere, tangō, tetigī, tāctum	berühren	Tangente
flōs, flōris *m.*	Blume	Flora
carpere, carpō, carpsī, carptum	pflücken; abreißen	
ōsculum, ī	Kuss	→ ōs
15 quis?	wer?	
pectus, pectoris *n.*	1. Brust 2. Herz 3. Seele	↔ tergum
ut *(+ Konj.)*	dass; damit; sodass	
contingere, -tingō, -tigī, -tāctum	1. berühren 2. gelingen 3. zuteil werden	Kontakt
cōnsīdere, -sīdō, -sēdī, -sessum	sich setzen; sich niederlassen	→ sedēre
20 audēre, audeō	wagen	
ab-dūcere, -dūcō, -dūxī, -ductum	wegführen; entführen	
imāgō, ginis *f.*	Bild; Abbild	e: image
sapere, sapiō, sapīvī –	1. Geschmack haben 2. Verstand haben	Homo sapiens

Lernwortschatz

Lektion 23

Wiederholung und neue Stammformen

abīre, -eo, -iī, -itum	weggehen
dare, dō, dedī, datum	geben
currere, currō, cucurrī, cursum	laufen; eilen
oportet	es gehört sich; es ist nötig
convenīre, -veniō, -vēnī, -ventum	»zusammenkommen«: 1. *jdn.* treffen 2. sich einigen

Lernwortschatz

	optāre	wünschen	Option
	alter, altera, alterum (*Gen.* alterīus)	der andere; der zweite	
	vīnum, ī	Wein	
	immō	nein, vielmehr; ja, sogar	
5	mōs, mōris *m.*	Sitte; Brauch *Pl. auch:* Charakter	Moral
	enim *(nachgestellt)*	nämlich; denn	
	creāre	erschaffen; wählen	Kreatur
	igitur *(nachgestellt)*	also; folglich	
	bibere, bibō, bibī, –	trinken	
10	sēdēs, is *f.*	1. Sitz 2. Wohnsitz 3. Heimat	→ sedēre
	obtinēre, -tineō, -tinuī, -tentum	innehaben; (besetzt) halten	→ tenēre
	solēre	gewöhnlich tun, gewohnt sein	
	temperāre	Maß halten	
	nē *(+ Konj.)*	dass nicht; damit nicht	
15	timēre/metuere, nē	fürchten dass *(ohne Verneinung!)*	
	tālis, e	solch ein	
	decet *(+ Inf./AcI)*	es gehört sich *für jdn., etw. zu tun*	dezent
	sermō, sermōnis *m.*	1. Gespräch 2. Redeweise 3. Sprache	
	vitium, ī	Fehler; schlechte Eigenschaft	
20	quā rē / quārē	weshalb? (*rel. Satzanschluss:* deshalb)	
	lībertās, tātis *f.*	Freiheit	e. liberty
	accidere, -cidō, -cidī accidit, ut	sich ereignen; geschehen es ereignet sich, dass	e. accident
	clam *(Adv.)*	heimlich	»klammheimlich«

Lektion 24
Wiederholung

tempus, temporis *n.*	Zeit
tempus, quō	die Zeit, zu der/als
studēre *(+ Dat.)*	sich bemühen (um)
parāre	(vor)bereiten
tantus, a, um	so groß; so viel

Lernwortschatz

	meminisse, meminī *(+ Gen./Akk.)*	sich erinnern *an (im Dt. Präsens, im Lat. Perfektformen!)*	
	exercitus, ūs *m.*	Heer	Exerzierplatz
	mittere, mittō, mīsī, missum	schicken	Mission
	manus, ūs *f.*	1. Hand 2. Gruppe	manuell
5	audāx *(Gen.* audācis*)*	kühn: 1. frech 2. mutig	→ audēre
	praeesse, -sum, -fuī *(+ Dat.)*	an der Spitze stehen; *jdn.* kommandieren; *etw.* verwalten	
	impetus, ūs *m.*	Angriff; Schwung	
	dēfendere, dēfendō, dēfendī, dēfēnsum	verteidigen; abwehren	defensiv
	pellere, pellō, pepulī, pulsum	1. stoßen; schlagen 2. vertreiben	Puls
10	rēs, reī *f.*	1. Sache; Ding 2. Angelegenheit	real
	asper, aspera, asperum	rau; streng	
	vāstus, a, um	1. ungeheuer weit 2. öde; wüst	
	cāsus, ūs *m.* cāsū	Fall; Zufall; Ereignis zufälligerweise	
	obsecrāre	anflehen; beschwören	
15	lacus, ūs *m.*	See	e. lake
	mōnstrum, ī	1. Ungeheuer 2. göttliches Zeichen	Monster
	perniciēs, perniciēī *f.*	Verderben; Untergang	
	faciēs, faciēī *f.*	1. Gesicht 2. Gestalt	e. face
	spēs, speī *f.*	Hoffnung	→ spērāre
20	pars, partis *f.*	Teil; Seite	Partei
	ferus, a, um	wild	
	quīnque *(undekl.)*	fünf	
	diēs, diēī *m.*	Tag	e. day

Lernwortschatz

Lektion 25
Wiederholung

cīvis, cīvis *m.*	Bürger
calamitās, tātis *f.*	Unglück; Schaden
opprimere, opprimō, oppressī, oppressum	1. niederdrücken; bedrohen 2. überfallen
dēlēre, dēleō, dēlēvī, dēlētum	zerstören
oppidum, ī	Stadt; befestigte Siedlung
neglegere, neglegō, neglēxī, neglēctum	1. nicht beachten; missachten 2. vernachlässigen
restituere, -stituō, -stituī, -stitūtum	wiederherstellen
tantus, a, um	so groß; so viel

Lernwortschatz

	quiētus, a, um	ruhig	e. quiet
	appārēre	erscheinen; sich zeigen	e. to appear
	ante	1. (+ *Akk.*): vor 2. *Adv.*: vorher	
	imprōvīsus, a, um	unvorhergesehen	improvisieren
5	ēruptiō, iōnis *f.*	Ausbruch	Eruption
	complūrēs, ium	mehrere; einige	→ plus
	omnīnō *(Adv.)*	überhaupt; ganz und gar	→ omnis
	mōtus, ūs *m.*	1. Bewegung 2. Erregung 3. Aufruhr	→ movere
	domus, ūs *f.* (*Abl. Sg.* domō, *Gen. Pl.* domōrum, *Akk. Pl.* domōs)	Haus	→ Dom
10	tūtus, a, um	sicher; geschützt	
	deinde *(Adv.)*	dann; darauf	
	cinis, cineris *m.*	Asche	
	lapis, lapidis *m.*	Stein	
	dēcidere, -cidī, –	herabfallen	
15	obscūrus, a, um	1. dunkel 2. unklar	obskur
	nox, noctis *f.*	Nacht	↔ diēs
	timor, ōris *m.*	Furcht; Angst	→ timēre
	tēctum, ī	1. Dach 2. Haus	
	prohibēre, -hibeō, -hibuī, -hibitum	fernhalten; abhalten; hindern	
20	aperīre, aperiō, aperuī, apertum	öffnen; aufdecken	
	apertus, a, um	offen; offenkundig	i. aperto
	ēmittere, -mittō, -mīsī, -missum	hinausschicken	Emission

Lernwortschatz

incola, ae *m.*	Einwohner	→ colere
claudere, claudō, clausī, clausum	(ab-/ein-)schließen	→ Klausur
25 intrā *(+ Akk.)*	innerhalb von *etw.*	
perīre, -eō, -iī, -itum	zugrunde gehen	

Lektion 26
Wiederholung

salūs, salūtis *f.*	1. Wohlergehen 2. Rettung
salūtem dīcere	grüßen
accidere, -cidō, -cidī	vorfallen; sich ereignen; geschehen
meminisse, meminī *(+ Gen./Akk.)*	sich erinnern *an (im Dt. Präsens, im Lat. Perfektformen!)*
metuere, metuō, metuī, –	(sich) fürchten
agere, agō, ēgī, āctum	»treiben« 1. tun; handeln 2. verhandeln
necāre	töten
contendere, -tendō, -tendī, -tentum	[»sich anstrengen«] 1. kämpfen 2. eilen 3. behaupten

Lernwortschatz

quamvīs *(+ Konj.)*	obwohl; wenn auch	
excitāre	antreiben; ermuntern; wecken	e. exciting
ruere, ruō, ruī, rutum	1. eilen; stürmen 2. einstürzen; herabstürzen	Ruine
forās *(Adv.)*	heraus; hinaus	
5 dēmum *(Adv.)*	endlich	
statuere, statuō, statuī, statūtum	1. aufstellen 2. festsetzen; beschließen	
sīcut *(Adv.)*	so wie	→ sīc
interim *(Adv.)*	inzwischen	
ubīque *(Adv.)*	überall	
10 vetus *(Gen. veteris; Abl. vetere)*	alt	Veteran
parum *(Adv.)*	zu wenig; wenig	
celer, celeris, celere	schnell	
adhūc *(Adv.)*	noch	
iuvenis, is *m./f.*	jung; *Subst.:* junger Mann/junge Frau	
15 tendere, tendō, tetendī, tentum	1. spannen; ausstrecken 2. streben	Tendenz, e. tent

Lernwortschatz

via, ae	Weg; Straße	
cēdere, cēdō, cessī, cessum	gehen; weichen; nachgeben	
undique *(Adv.)*	von allen Seiten	
dēpōnere, -pōnō, -posuī, -positum	1. ablegen 2. aufgeben	Deponie
20 tenebrae, ārum	Dunkelheit *(Sg.)*	
metus, ūs	Furcht; Besorgnis	→ metuere
valēre	1. gesund sein 2. stark sein 3. imstande sein	
valē!	lebe wohl!	↔ salve

Lektion 27
Wiederholung

sedēre, sedeō, sēdī, sessum	sitzen
stāre	stehen
faciēs, faciēī *f.*	1. Gesicht 2. Gestalt
nescīre, nesciō, nescīvī, nescītum	nicht wissen
dare, dō, dedī, datum	geben
prōmittere, prōmittō, prōmīsī, prōmissum	versprechen

Lernwortschatz

sub	1. *m. Akk.*: unter *etw. (wohin?)* 2. *m. Abl.*: unter *etw. (wo?)*	→ Dt.: unter den Tisch ↔ unter dem Tisch
arbor, arboris *f.*	Baum	
iūdicāre	1. (als etwas) beurteilen 2. entscheiden	e. judge
certāre	streiten; (wett-)kämpfen	
5 dēcernere, dēcernō, dēcrēvī, dēcrētum	entscheiden; beschließen	
difficilis, e	schwierig	e. difficult
habitus, ūs *m.*	1. Haltung; Zustand; Aussehen 2. Kleidung	Mönchshabit
comparāre	1. beschaffen 2. vergleichen	e. to compare
adiuvāre, adiuvō, adiūvī, adiūtum	unterstützen; helfen	
10 pulchritūdō, dinis *f.*	Schönheit	→ pulcher
cēterī, ae, a	die anderen; die übrigen *(adj.)*; die Übrigen *(subst.)*	etc. (= et cetera)
praestāre, -stō, -stitī, -stitum	1. *mit Dat. (und Abl.):* »vor jdm. stehen« → jdn. übertreffen (an) 2. *mit Akk.: etw.* geben; *etw.* leisten	

Lernwortschatz

	appetere, -petō, -petīvī, petītum	*verstärktes* petere	
	imperium, ī	1. Befehl 2. Herrschaft 3. Reich	e. empire
15	sapiēns (*Gen.:* sapientis)	klug; weise *Subst.:* der Weise	Homo sapiens
	favēre, faveō, fāvī, fautum (+ *Dat.*)	jdm. geneigt sein	Favorit
	dubitāre	1. zögern 2. (be-)zweifeln	e. to doubt
	sapientia, ae	Klugheit; Weisheit	→ sapiēns
	glōria, ae	Ruhm; Ehre	e. glory
20	ēgregius, a, um	hervorragend	
	ait	er, sie, es sagt(e)	
	gerere, gerō, gessī, gestum	tragen; führen; ausführen	Geste
	bellum gerere	Krieg führen	
	persuādēre, persuādeō, persuāsī, persuāsum (+ *Dat.*)	1. überzeugen 2. überreden	e. to persuade
	praemium, ī	Belohnung	Prämie
25	maximus, a, um	1. der größte 2. sehr groß; sehr bedeutend	maximal

Lektion 28
Wiederholung und neue Stammformen

per (+ *Akk.*)	1. durch; über (... hinaus) 2. während	
lītus, lītoris *n.*	Strand; Küste	
sacerdōs, dōtis *m./f.*	Priester / Priesterin	
invenīre, inveniō, invēnī, inventum	(er)finden	
claudere, claudō, clausī, clausum	(ab-/ein-)schließen	
relinquere, relinquō, relīquī, relictum	1. verlassen 2. unbeachtet lassen	
mittere, mittō, mīsī, missum	schicken	
trahere, trahō, trāxī, tractum	ziehen	

Lernwortschatz

	longus, a, um	lang	
	angustus, a, um	eng	Angst
	appropinquāre	sich nähern	
	ob (+ *Akk.*)	wegen	
5	magnitūdō, dinis *f.*	Größe	→ magnus
	sacer, sacra, sacrum	heilig; (*einer Gottheit*) geweiht	→ sacerdos, sacrificium
	at	aber	

Lernwortschatz

	arx, arcis *f.*	Burg	
	procul *(Adv.)*	von fern; weit weg	
10	līgnum, i	Holz	
	occultāre	verstecken	
	terror, terrōris *m.*	Schrecken	Terrorist
	latēre	versteckt sein	latent
	quidquid	was auch immer	
15	portāre	tragen; bringen	Porto
	commovēre, -moveō, -mōvī, -mōtum	(innerlich) bewegen; veranlassen	→ movēre
	iactāre	werfen; schleudern	
	perterrēre	gewaltig erschrecken	→ terrēre
	precēs, precum *Pl. f.*	Bitten; Gebet	
20	interficere, -ficiō, -fēcī, -fectum	töten	= necāre
	exīstimāre	einschätzen; meinen	
	tēlum, ī	Wurfgeschoss	
	nefārius, a, um	gottlos; verbrecherisch	
	laedere, laedō, laesī, laesum	verletzen; beleidigen	lädiert
25	pūnīre	bestrafen	e. to punish

Lektion 29
Wiederholung

socius, ī	Bündnispartner; Verbündeter; Kamerad
quam	als; wie
mulier, ris *f.*	Frau
fātum, ī	Götterspruch; Schicksal
vīvere, vīvō, vīxī	leben
monēre	(er)mahnen
dolus, ī	List
superāre	besiegen; übertreffen

Lernwortschatz

	labor, labōris *m.*	1. Anstrengung 2. Arbeit	→ labōrāre; Labor
	ferre, ferō, tulī, lātum	1. tragen 2. ertragen 3. berichten (*im Passiv:* man erzählt)	
	superior, superius (*Gen.* superiōris)	der obere	
	īnferior, īnferius (*Gen.* īnferiōris)	der untere	↔ superior
5	avis, is *f.* (*Gen. Pl.* avium)	Vogel	
	hic, haec, hoc	dieser, diese, dieses	

	mortālis, e	sterblich *als Substantiv:* Mensch	→ mortuus
	nauta, ae *m.*	Seemann	→ navis
	ut *(+ Indikativ)*	wie	
10	adhibēre	anwenden; hinzuziehen	
	auris, is *f.* (*Gen. Pl.* aurium)	Ohr	
	ille, illa, illud	jener, jene, jenes	
	praecipere, -cipiō, -cēpī, -ceptum	vorschreiben; belehren	
	līberāre	befreien	→ lībertās
15	etsī	auch wenn, obwohl	
	postulāre	fordern	
	saxum, ī	Felsen	
	incendere, incendō, incendī, incēnsum	in Brand stecken	→ incendium
	rēctus, a, um	gerade; recht; richtig	
20	cursus, ūs *m.*	Lauf; Kurs	→ currere
	incolumis, e	unverletzt, wohlbehalten	
	praeceps (*Gen.* praecipitis)	1. kopfüber 2. überstürzt 3. steil	
	unda, ae	Welle	
	conicere, -iciō, -iēcī, -iectum	1. (zusammen)werfen 2. folgern; vermuten	

Lektion 30
Wiederholung

gerere, gerō, gessī, gestum	tragen; führen; ausführen
bellum gerere	Krieg führen
facere, faciō, fēcī, factum	tun; machen
fīnis, is *m.* (*Gen. Pl.* fīnium)	1. Grenze (*im Pl. auch* Gebiet); Ende 2. Ziel; Zweck
animus, ī	[»das tätige Innenleben«]: Geist; Sinn; Gesinnung; Herz; Mut
in animō habēre	im Sinn haben; vorhaben
trēs, trēs, tria	drei
āmittere, āmittō, āmīsī, āmissum	verlieren
incipere, incipiō, coepī, coeptum	anfangen

Lernwortschatz

Lernwortschatz

cōnstituere, -stituō, -stituī, -stitūtum	1. aufstellen 2. festsetzen; beschließen	→ statuere
ostendere, ostendō, ostendī, ostentum	zeigen	
pōns, pontis *m.*	Brücke	»sur le pont«
trādūcere, -dūcō, -dūxī, -ductum	hinüberführen *mit dopp. Akk.: jdn.* über *etw.* führen	→ dūcere
5 silva, ae	Wald	
abdere, -dō, -didī, -ditum	verbergen	= occultāre
vīcus, ī	Dorf	
trāns *(+ Akk.)*	jenseits *einer Sache;* über *etw.* hinüber	
plūrēs *Pl.*	mehrere	Plural
10 intermittere, -mittō, -mīsī, -missum	unterbrechen	→ mittere
prōferre, -ferō, -tulī, lātum	1. nach vorn tragen; vorantragen 2. erweitern	→ ferre
ūsque ad *(+ Akk.)*	bis zu	
prōcēdere, -cēdō, -cessī, -cessum	1. vorrücken 2. Fortschritte machen	Prozess
ēvenīre, -veniō, -vēnī, -ventum	1. herauskommen 2. sich ereignen	Event
bene ēvenīre	ein gutes Ende nehmen; gut ausgehen	
15 nātūra, ae	Natur; Beschaffenheit	
nimis *(Adv.)*	zu sehr; zu *(+ Adj.)*	
palūs, palūdis *f.*	Sumpf	
hiems, hiemis *f.*	Winter	
inde *(Adv.)*	1. von dort 2. seitdem; daraufhin 3. daher; deshalb	
20 vallum, ī	Palisaden; Wall (mit Palisaden)	
mūnīre	befestigen	

Lektion 31
Wiederholung und neue Stammformen

īnferior, īnferius *(Gen.* īnferiōris*)*	der untere
pōnere, pōnō, posuī, positum	stellen; legen
vīvere, vīvō, vīxī	leben
mōs, mōris *m.*	Sitte; Brauch *Pl. auch:* Charakter
studēre *(+ Dat.)*	sich bemühen (um)
cernere, cernō, crēvī, crētum	wahrnehmen; sehen; bemerken
ops, opis *f.*	Kraft; Hilfe
Pl. opēs, opum	*Pl.*: Macht; Streitkräfte; Reichtum
iuvāre, iuvō, iūvī, iūtum	1. unterstützen; helfen 2. erfreuen

Lernwortschatz

	castra, ōrum *n. Pl.*	Lager *(Sg.)*	Kastell
	castra movēre	aufbrechen	
	castra pōnere	ein Lager aufschlagen	
	dux, ducis *m.*	(Heer-)Führer	→ dūcere
	positus, a, um	gelegen	Position
	ipse, ipsa, ipsum *(Gen.* ipsīus*)*	1. selbst 2. *betonend:* persönlich; eben; genau; gerade	
5	paene *(Adv.)*	fast	
	mīlitāris, e	militärisch; Kriegs-…	→ mīles
	rēs mīlitāris *f.*	Kriegswesen	
	cōnsistere, -sistō, -stitī, –	1. sich aufstellen 2. stehenbleiben	e. to consist
	cōnsistere in *(+ Abl.)*	bestehen aus	
	parentēs, parentum *m. Pl.*	Eltern	e. parents → parĕre
	auctor, ōris *m.*	1. Urheber; Veranlasser 2. Stammvater	Autor
10	quam ob rem	warum? weshalb? *(rel. Satzanschluss:* deshalb*)*	
	crēscere, crēscō, crēvī, crētum	wachsen	crescendo
	tantum *(Adv.)*	1. nur 2. so sehr; so viel	
	validus, a, um	stark, gesund	
	nōnnūllī, ae, a	einige; manche	
15	convīvium, ī	Gastmahl; Fest	
	armātus, a, um	bewaffnet	→ arma
	religiō, iōnis *f.*	Ehrfurcht; Gottesverehrung	
	cōnsuētūdō, dinis *f.*	Gewohnheit	
	differre, differō, distulī, dīlātum	1. auseinandertragen 2. aufschieben *(zeitl.)* 3. (sich) unterscheiden	Differenz
20	excipere, -cipiō, -cēpī, -ceptum	1. aufnehmen 2. eine Ausnahme machen	e. except
	sōl, sōlis *m.*	Sonne	Solarium
	nūmen, nūminis *n.*	göttliche Macht; Gottheit	
	praesēns *(Gen.* praesentis*)*	anwesend; gegenwärtig	Präsens
	caedere, caedō, cecīdī, caesum	fällen; niederhauen; töten	= interficere, necāre
25	turpis, e	hässlich; schändlich; (moralisch) schlecht	
	animal, ālis *n. (Gen. Pl.* animālium*)*	Lebewesen; Tier	e. animal

Lernwortschatz

Lektion 32
Wiederholung

appellāre	nennen
fortis, e	stark; tapfer
colere, colō, coluī, cultum	[»sich intensiv beschäftigen mit«] 1. bewirtschaften 2. pflegen 3. verehren
asinus, ī	Esel
interficere, -ficiō, -fēcī, -fectum	töten
corpus, corporis *n.*	Körper

Lernwortschatz

iste, ista, istud (*Gen.* istíus)	dieser (da)	
fidēs, eī *f.*	1. Vertrauenswürdigkeit; Vertrauen; Treue 2. Glaube *Etc., beachte das Rondogramm!*	→ fīdus, a, um

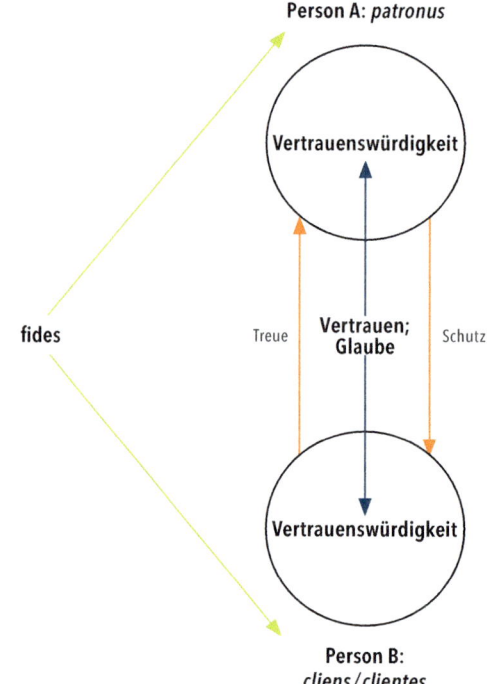

Lernwortschatz

suscipere, -cipiō, -cēpī, -ceptum	übernehmen; auf sich nehmen	→ capere
sē praebēre (+ Akk.)	sich erweisen als	
5 furor, furōris m.	Wut; Raserei	Furie
pūblicus, a, um	öffentlich; staatlich	→ populus
rēs pūblica, reī pūblicae	Staat; Gemeinwesen; Politik	Republik
ēvertere, -vertō, -vertī, -versum	1. umkehren; umstürzen 2. zerstören; vernichten	
prīnceps, prīncipis m.	der erste; der vornehmste *Subst.:* Kaiser	
10 foedus, a, um	scheußlich; abstoßend	
caput, capitis n.	1. Kopf 2. Hauptstadt	
minimus, a, um	der kleinste, sehr klein	
potestās, tātis f.	1. Amtsgewalt 2. Macht 3. Möglichkeit	→ posse
scelerātus, a, um	verbrecherisch *Subst.:* Verbrecher	
15 summus, a, um	der oberste; der höchste; der letzte	
supplicium, ī	1. flehentliches Bitten 2. Opfer 3. Todesstrafe; Hinrichtung	
crēber, crēbra, crēbrum	zahlreich; häufig	
scelus, sceleris n.	Verbrechen	→ scelestus
crūdēlitās, tātis f.	Grausamkeit	
20 committere, -mittō, -mīsī, -missum	1. veranstalten 2. überlassen; anvertrauen	e. to commit
scelus committere	ein Verbrechen begehen	
occultus, a, um	verborgen; geheim	→ occultāre
lūx, lūcis f.	Licht	
sanguis, sanguinis m.	Blut	
25 innocentia, ae	Unschuld	e. innocent
crūdēlis, e	grausam	→ crūdēlitās

Lernwortschatz
Lektion 33
Wiederholung

parāre	(vor)bereiten
exīstimāre	einschätzen; meinen
num	denn; etwa (*man erwartet die Antwort: nein*)
crēdere, crēdō, crēdidī, crēditum	1. glauben 2. anvertrauen
vēndere, vēndō, vēndidī, vēnditum	verkaufen
quam ob rem	warum? weshalb? (*rel. Satzanschluss:* deshalb)
causa, ae	»Motiv; Beweggrund« 1. Grund; Ursache 2. (juristisch:) Schuld; Fall; Prozess 3. (allgemein:) Sachverhalt; Sache
esse (*als Vollverb*)	vorhanden sein (»es gibt«)
dēfendere, dēfendō, dēfendī, dēfēnsum	verteidigen; abwehren
audēre	wagen
agere, agō, ēgī, āctum	»treiben« 1. tun; handeln 2. verhandeln

Lernwortschatz

	mors, mortis *f.*	Tod	→ mortuus, a, um; mortālis
	vindicāre	bestrafen; rächen	
	caedēs, is *f.* (*Gen. Pl.* caedium)	Mord; Blutbad	→ caedere
	crīmen, minis *n.*	1. Beschuldigung 2. Schuld 3. Verbrechen	kriminell, e. crime
5	suspīciō, iōnis *f.*	Verdacht; Vermutung	e. suspicion
	accūsāre (+ *Gen.*)	anklagen (*wegen einer Sache*)	Akkusativ
	māior, māius (*Gen.* māiōris)	1. größer; bedeutender 2. älter	→ magnus, a, um
	posteā (*Adv.*)	später	→ post
	patrōnus, ī	Schutzherr; Patron; Anwalt (*s. auch das Rondogramm zu »fides« in Lektion 32*)	
10	tot (*indekl.*)	so viele	
	ōrātor, ōris *m.*	Redner	→ ōrātiō
	aetās, tātis *f.*	Alter: 1. Zeitalter 2. Lebensalter	
	ingenium, ī	1. Begabung 2. Charakter	

Lernwortschatz

	auctōritās, tātis *f.*	1. Ansehen 2. Einfluss; Macht	Autorität
15	aequus, a, um	gleich; gerecht	
	iniūria, ae	Unrecht; Ungerechtigkeit	→ (in-)iūstus, a, um
	palam *(Adv.)*	öffentlich	
	facultās, tātis *f.*	1. Möglichkeit 2. Fähigkeit 3. Besitz	→ facere
	improbus, a, um	schlecht; unverschämt	↔ probus, a, um
20	plūrimum *(Adv.)*	am meisten; sehr	
	plūrimum posse	größten Einfluss haben	
	aliquis *(Gen.* alicuius*)*	irgendjemand	
	falsus, a, um	falsch	
	iūdicium, ī	1. Gericht 2. Urteil	
	iūs, iūris *n.*	Recht	↔ iniūria
25	cīvitās, tātis *f.*	1. Bürgerschaft 2. Stadt; Staat	→ cīvis
	īnstitūtum, ī	Einrichtung	Institution

Lektion 34

Wiederholung

dīcere	sagen; sprechen
contendere, contendō, contendī, contentum	[»sich anstrengen«] 1. kämpfen 2. eilen 3. behaupten
cupidus, a, um *(+ Gen.)*	gierig *(nach etw.)*
quaerere, quaerō, quaesīvī, quaesītum	suchen; fragen
lucrum, ī	Gewinn
grātia, ae	*Positives Verhältnis zwischen Menschen:* 1. Ausstrahlung 2. Beliebtheit; Sympathie 3. Gefälligkeit 4. Dank

Lernwortschatz

	iūdex, dicis *m.*	Richter	→ iūs + dīcere
	accēdere, -cēdō, -cessī, -cessum	hingehen	e. access
	innocēns *(Gen.* innocentis*)*	unschuldig	e. innocent
	utinam	hoffentlich; wenn doch	
5	adversus, a, um	1. zugewandt 2. feindlich 3. ungünstig	→ adversārius

Lernwortschatz

iūstitia, ae	Gerechtigkeit	→ iūs, iūstus, a, um
accūsātor, ōris *m.*	Ankläger	→ accūsāre
reus, ī	Angeklagter	
quemadmodum *(Adv.)*	auf welche Weise; wie	
10 sē tenēre	sich aufhalten	
fidēlis, e	treu	→ fīdus
administrāre	verwalten	System-Administrator
occīdere, occīdō, occīdī, occīsum	töten	→ caedere, caedēs
arripere, -ripiō, -ripuī, -reptum	an sich reißen; rauben	→ rapere
15 potius *(Adv.)*	eher; lieber	
facinus, oris *n.*	Tat; Verbrechen	→ facere
possessiō, iōnis *f.*	Besitz	
item *(Adv.)*	ebenso	
contentus, a, um	zufrieden	
20 spoliāre (+ *Abl.*)	plündern; *(einer Sache)* berauben	
sors, sortis *f.* (*Gen. Pl.* sortium)	Schicksal; Orakel	
restāre, -stō, -stitī, –	1. übrig bleiben 2. Widerstand leisten	Rest
probāre	1. prüfen 2. gut finden; billigen 3. beweisen	Probe
nēve	und nicht; oder nicht	
25 permittere, -mittō, -mīsī, -missum	erlauben	e. permission

Lektion 35
Wiederholung

ferre, ferō, tulī, lātum	1. tragen 2. ertragen 3. berichten
postulāre	fordern
prīnceps, prīncipis *m.*	der erste; der vornehmste *Subst.:* Anführer; Kaiser
perīre, -eō, -iī, -itum	zugrunde gehen
comparāre	1. beschaffen 2. vergleichen
impōnere, -pōnō, -posuī, -positum	auferlegen
furor, furōris *m.*	Wut; Raserei
ōs, ōris *n.*	Mund; Gesicht
tangere, tangō, tetigī, tāctum	berühren
adhibēre	anwenden; hinzuziehen
rapere, rapiō, rapuī, raptum	rauben; (weg)reißen

Lernwortschatz

Lernwortschatz

perdere, perdō, perdidī, perditum	zugrunde richten	
ōra, ae	Küste	~ lītus
ad-venīre, -veniō, -vēnī, -ventum	ankommen	
saeculum, ī	Zeitalter; Jahrhundert	vgl. Säkularfeier
5 hūc *(Adv.)*	hierhin	→ hīc
quīdam, quaedam, quoddam	jemand; ein gewisser	
reperīre, reperiō, repperī, repertum	(wieder)finden	~ invenīre
referre, referō, rettulī, relātum	1. (zurück)bringen 2. berichten	Referat
causā + *vorangestellter Gen.* causā *(nach nd-Form im Gen.)*	wegen um *etw.* zu *tun*	
10 prīvāre *(+ Abl.)*	1. *einer Sache* berauben 2. von *etw.* befreien	privat
audācia, ae	Kühnheit: 1. Frechheit 2. Mut	→ audēre
temptāre	betasten: 1. versuchen 2. angreifen	e. attempt
licet *(+ Konj.)*	wenn auch; selbst wenn	
ratiō, ōnis *f.*	Überlegung: 1. Vernunft 2. Methode; Art und Weise 3. Grund Etc., beachte das Rondogramm!	

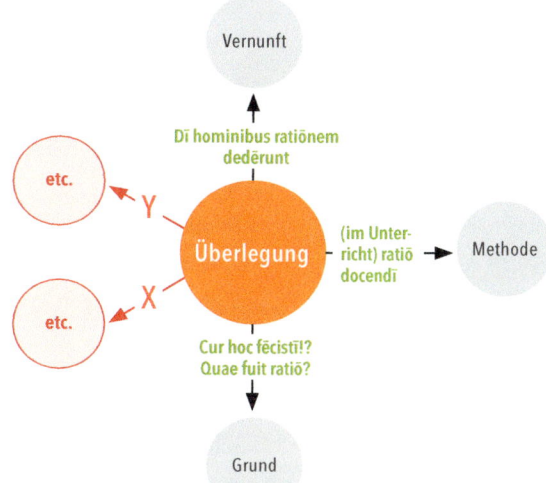

Lernwortschatz

15	īnstāre, īnstō, īnstitī + *Dat.*	jdm. bevorstehen; drohen	
	obīre, -eō, iī, itum	1. entgegengehen 2. übernehmen	
	(mortem) obīre	sterben	
	vehemēns (*Gen.* vehementis)	heftig	vehement
	solum, ī	Erdboden	
	pēs, pedis *m.*	Fuß	Pedal
	pedem referre	sich zurückziehen	
20	quantus, a, um	wie groß; wie viel	Quantität
	ignis, is *m.* (*Gen. Pl.* ignium)	Feuer	
	nōndum (*Adv.*)	noch nicht	
	custōdīre	bewachen	
	ars, artis *f.* (*Gen. Pl.* artium)	1. Geschicklichkeit 2. Kunst	Artist
25	(ē)vītāre	vermeiden	
	occāsiō, ōnis *f.*	Gelegenheit	e. occasion
	aureus, a, um	golden	→ aurum
	addūcere, -dūcō, -dūxī, -ductum	1. heranführen 2. veranlassen	
	timōre adductus	aus Furcht	
	īnstruere, -struō, -strūxī, -strūctum	1. aufstellen 2. ausrüsten 3. unterrichten	instruieren

Lektion 36
Wiederholung

miser, misera, miserum	bedauernswert; unglücklich	
dūrus, a, um	hart; beschwerlich	
crēdere	1. glauben 2. anvertrauen	
timēre, nē	fürchten, dass	
imāgō, ginis *f.*	Bild; Abbild	
pectus, pectoris *n.*	1. Brust 2. Herz 3. Seele	
pellere, pellō, pepulī, pulsum	1. stoßen; schlagen 2. vertreiben	
trahere, trahō, trāxī, trāctum	ziehen	
pars, partis *f.*	Teil; Seite	
turpis, e	hässlich; schändlich; (moralisch) schlecht	
nihil … nisī	nichts außer; nur	
diū (*Adv.*)	lange	

Lernwortschatz

	volvere, volvō, volvī, volūtum	wälzen; rollen	Volvo
	sēcum volvere	nachdenken über	
	īnfēlīx (*Gen.* īnfēlīcis)	unglücklich	= miser
	iussum, ī	Befehl	→ iubēre
	quam (*nach einem Komparativ*)	als	
5	umquam (*Adv.*)	jemals	↔ numquam
	recēns (*Gen.* recentis)	neu; frisch	rezent
	interesse, -sum, -fuī	»dazwischen sein« 1. sich dazwischen befinden 2. teilnehmen; dabei sein 3. einen Unterschied machen für *jmd.*; wichtig sein	interessant
	mea interest	es ist wichtig für mich	
	utrum … an …	ob … oder (ob)	
	occīdere, occidō, occidī	umkommen	≠ occīdere!
10	fēlīx (*Gen.* fēlīcis)	glücklich	↔ īnfēlīx
	invītus, a, um	ungern; gegen den Willen	
	dīversus, a, um	entgegengesetzt	
	mēns, mentis *f.*	Verstand	mental
	vulnus, vulneris *n.*	Wunde	
15	afficere, -ficiō, -fēcī, -fectum (+ *Abl.*)	mit *etw.* versehen; mit *etw.* ausstatten	Affekt
	fallere, fallō, fefellī, –	täuschen	falsch
	odium, ī	Hass	↔ amor
	cōgitāre	denken	
	negāre	verneinen	Negation
	negāre + *AcI*	sagen, dass … nicht	
20	permovēre, -moveō, -mōvī, -mōtum	(innerlich) stark bewegen: 1. beunruhigen 2. veranlassen	
	exilium, ī	Verbannung	Exil
	damnāre	verurteilen	e. damn
	scrībere, scrībō, scrīpsī, scrīptum	schreiben	Skript
	lēx, lēgis *f.*	Gesetz	legal
25	domī (*Adv.*)	zu Hause	
	manēre, maneō, mānsī, –	bleiben	per-manent
	furere, furō, –, –	umherwüten; verrückt sein	→ furor, Furie

Lernwortschatz

Lektion 37
Wiederholung

fīdus, a, um	treu
rogāre	*jdn.* bitten um *etw.*
silentium, ī	Stille; Schweigen
servāre	retten; bewahren
committere, -mittō, -mīsī, -missum	1. veranstalten
	2. überlassen; anvertrauen
caedere, caedō, cecidī, caesum	fällen; niederhauen; töten
tālis, e	solch ein
valēre	1. gesund sein
	2. stark sein
	3. imstande sein
adhibēre	anwenden; hinzuziehen
occultāre	verstecken
cāsus, ūs *m.*	Fall; Zufall; Ereignis
tribuere, tribuō, tribuī, tribūtum	zuteilen

Lernwortschatz

iūrāre	schwören	→ iūs
voluntās, tātis *f.*	Wille	
imperāre	befehlen; herrschen (über)	→ imperium; Imperativ
prope *(Adv.)*	nah	↔ procul
5 venēnum, ī	Gift	
miscēre, misceō, miscuī, mixtum	mischen; verwirren	Mixtur
ferrum, ī	1. Eisen	
	2. Schwert; Waffe	
nex, necis *f.*	Mord	→ necāre
inter *(+ Akk.)*	zwischen; unter; während	vgl. Inter-vall
10 cēna, ae	(Abend)Essen	

cōnsilium, ī	Versammlung; Rat (1): 1. Beratung 2. Plan 3. Beschluss; Rat (2) *Beachte das Rondogramm!*	

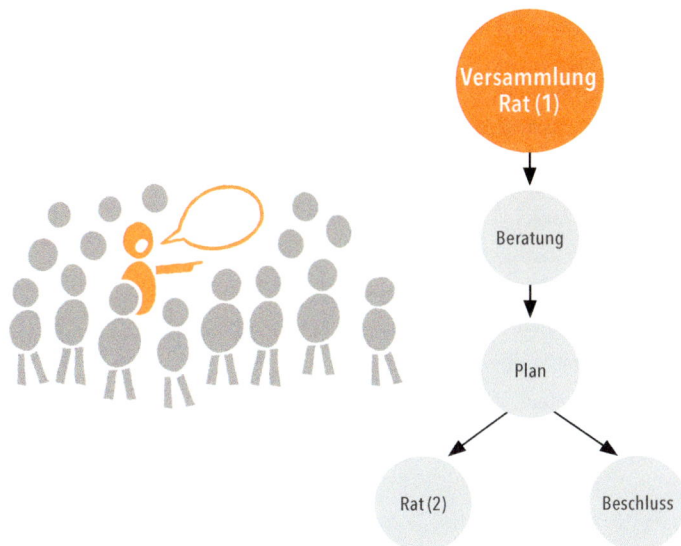

parvus, a, um	klein	↔ magnus, a, um
aestimāre	(ein)schätzen; meinen	vgl. ex-īstimāre
parvī aestimāre	gering schätzen	
magnī aestimāre	hoch schätzen	
compōnere, -pōnō, -posuī, -positum	zusammenstellen →: 1. sich ausdenken; abfassen 2. ordnen 3. vergleichen	Komponist, Komposition
15 aequor, aequoris *n.*	Meer	~ mare; → aequus
adeō *(Adv.)*	so sehr	
ventus, ī	Wind	Ventilator
flūctus, ūs *m.*	Welle	
perficere, -ficiō, -fēcī, -fectum	[»etwas zu Ende tun«] fertigstellen; vollenden	
20 sinere, sinō, sīvī, situm	lassen; zulassen	
fēmina, ae	Frau	Femininum
familiāris, e	1. zur Familie gehörig 2. befreundet; vertraut *Subst.:* Freund	→ familia

Lernwortschatz

Lektion 38
Wiederholung

terrēre	*jmdn.* erschrecken
tabula, ae	1. Brett; Tafel 2. Verzeichnis; Karte
prohibēre, nē	(daran) hindern, dass
grātia, ae	*Positives Verhältnis zwischen Menschen:* 1. Ausstrahlung 2. Beliebtheit; Sympathie 3. Gefälligkeit 4. Dank
grātiam referre	Dank abstatten
fundere, fundō, fūdī, fūsum	1. (ver)gießen 2. zerstreuen; in die Flucht schlagen
praecipere, -cipiō, -cēpī, -ceptum	vorschreiben; belehren
dolor, ōris *m.*	Schmerz
persuādēre, persuādeō, persuāsī, persuāsum *(+ Dat.)*	1. überzeugen 2. überreden

Lernwortschatz

brevis, e	kurz	↔ longus
loquī, loquor, locūtus sum	sprechen; reden	Kol-loquium
quoniam	weil	
exemplum, ī	Beispiel; Vorbild	e. example
5 sequī, sequor, secūtus sum *(+ Akk.)*	*jdm.* folgen	Kon-sequenz
frūctus, ūs *m.*	Ertrag: 1. Frucht 2. Nutzen	
amīcitia, ae	Freundschaft	→ amīcus
cōnservāre	retten; bewahren	→ servāre; Konserve
lacrima, ae	Träne	
10 īgnārus, a, um *(+ Gen.)*	unwissend; ohne Kenntnis	→ īgnōrāre
superesse, -sum, -fuī	übrig sein	
morī, morior, mortuus sum	sterben	→ mors, mortuus, mortālis
hortārī, hortor, hortātus sum	auffordern; ermahnen	vgl. Hortativ
maestus, a, um	traurig	
15 fierī, fīō, factus sum	1. gemacht werden 2. werden; geschehen	
patī, patior, passus sum	(er)leiden; ertragen	Passion
complectī, -plector, -plexus sum	umarmen	
ēgredī, -gredior, -gressus sum	hinausgehen	
facilis, e	leicht	→ facere (»machbar«)

20	ūtī, ūtor, ūsus sum *(+ Abl.)*	*etw.* benutzen; *etw.* haben	vgl. e. useful
	tunc *(Adv.)*	dann	~ tum
	abesse, absum, āfuī	weg sein	
	scrīptor, ōris *m.*	Schreiber; Schriftsteller	→ scrībere
	ēdere, -dō, -didī, -ditum	herausgeben; bekanntmachen	
25	postrēmō *(Adv.)*	zuletzt	→ post

Lektion 39
Wiederholung

augēre, augeō, auxī, auctum	vergrößern	
incitāre	1. erregen 2. antreiben	
dēbēre	1. müssen 2. schulden 3. verdanken	
parcere, parcō, pepercī *(+ Dat.)*	1. *etw./jdn.* schonen; auf *jdn.* Rücksicht nehmen 2. sparen	
emere, emō, ēmī, ēmptum	kaufen	
agere, agō, ēgī, āctum	treiben: 1. tun; handeln 2. verhandeln	

Lernwortschatz

	dīves (*Gen.* dīvitis, *Abl.* dīvite)	reich	
	discēdere, -cēdō, -cessī, -cessum	auseinandergehen; weggehen	
	dīvitiae, ārum *Pl.*	Reichtum *(Sg.)*	→ dīves
	adulēscēns, ntis *m.*	junger Mann	Adoleszenz
5	sevērus, a, um	ernst; streng	vgl. Severus Snape
	ēducāre	erziehen	e. education
	domī *(Adv.)*	zu Hause	→ domus
	callidus, a, um	schlau	
	cōnsūmere, -sūmō, -sūmpsī, -sūmptum	verbrauchen	Konsum
10	amīca, ae	Freundin	
	dōnāre	(be)schenken	→ dōnum
	comes, comitis *m.*	Begleiter	
	ōstium, ī	Eingang; Mündung	vgl. Ostia
	aedēs, is *f.* (*Gen. Pl.* aedium)	Raum: 1. Tempel 2. *(im Plural:)* Wohnhaus	
15	vidērī, videor, vīsus sum	scheinen	
	quadrāgintā *(indekl.)*	vierzig	
	nūntiāre	melden	→ nūntius
	senex (*Gen.* senis)	alt; *Subst.:* alter Mann	senil, vgl. Senat
	triennium, ī	(Zeitraum von) drei Jahre(n)	→ trēs, annus

Lernwortschatz

20	revertī, revertor, revertī, reversum	zurückkehren	
	absūmere, -sūmō, -sūmpsī, -sūmptum	1. verbrauchen 2. vernichten	
	offendere, offendō, offendī, offēnsum	anstoßen: verletzen; beleidigen (*hier*: antreffen)	offensiv
	convīva, ae *m.*	Gast	
	īrāscī, īrāscor, īrātus sum	zornig werden; zornig sein	
25	hinc *(Adv.)*	von hier	
	dormīre	schlafen	
	arbitrārī, arbitror, arbitrātus sum	meinen	
	proficīscī, proficīscor, profectus sum	(ab)reisen; aufbrechen	
	verērī, vereor, veritus sum	1. fürchten 2. verehren	
	verērī, nē	fürchten, dass	

Lektion 40
Wiederholung

putāre	1. meinen 2. für *etw.* halten
salvus, a, um	gesund; am Leben
tangere, tangō, tetigī, tāctum	berühren
reddere, reddō, reddidī, redditum	1. zurückgeben 2. zu *etw.* machen
opus est *(+Abl.)*	man braucht; es ist nötig

Lernwortschatz

	vīvus, a, um	lebendig	↔ mortuus, a, um
	mālle, mālō, māluī, –	lieber wollen	
	interīre, -eō, -iī, -itum	umkommen	
	quantum	wie viel; wie sehr	
5	iānua, ae	Tür; Eingang	vgl. Januar
	quantopere *(Adv.)*	wie sehr	→ quantus
	tantopere *(Adv.)*	so sehr	
	īn-sānus, a, um	unvernünftig; verrückt	e. insane
	conclūdere, -clūdō, -clūsī, -clūsum	1. (ab-, ein-)schließen 2. folgern	→ claudere e. conclusion
10	frangere, frangō, frēgī, frāctum	zerbrechen (= *etw.* kaputt machen)	Fraktur
	ambō, ambae, ambō	beide	
	forēs, forium *f. Pl.*	Tür; Eingang	
	abscēdere, -cēdō, -cessī, -cessum	weggehen	
	mēnsis, is *m.*	Monat	

15	avārus, a, um	habsüchtig; geizig	
	opīnārī, opīnor, opīnātus sum	meinen	
	absēns (*Gen.* absentis)	abwesend	↔ praesēns
	somnium, ī	Traum	→ somnus
	nōlle, nōlō, nōluī, –	nicht wollen	
	nōlī/nōlīte + *Inf.*	*verneinter Imperativ* (nōlī flēre = weine nicht!)	
20	perturbāre	(völlig) verwirren	→ turba
	aes, aeris *n.*	Bronze; Geld	
	aliēnus, a, um	fremd	e. alien
	aes aliēnum, aeris aliēnī	Schulden (*Pl.*)	
	pauper (*Gen.* pauperis, *Abl.* paupere)	arm	e. poor; ↔ dīves
	antequam	bevor	
25	velle, volō, voluī, –	wollen	
	quattuor	vier	Quadrat

Lektion 41
Wiederholung

perīre, -eō, -iī, -itum	zugrunde gehen	
negōtium, ī	1. Arbeit; Aufgabe 2. Geschäft; Handel	
gerere, gerō, gessī, gestum	tragen; führen; ausführen	

Lernwortschatz

	heus!	Hallo!	
	istīc (*Adv.*)	dort	
	attinēre, -tineō, -tenuī, -tentum	jdn. betreffen, angehen	→ ad, tenēre
	sex	sechs	
5	tertius, a, um	der dritte	Terz
	quārtus, a, um	der vierte	Quart, Quartett
	quīntus, a, um	der fünfte	Quinte, Quintett
	sextus, a, um	der sechste	Sexte, Sextett
	amīca, ae	Freundin	
10	trīgintā (*indekl.*)	dreißig	
	sūmptus, ūs *m.*	Aufwand; Kosten	
	vīcīnus, ī	Nachbar	
	octōgintā (*indekl.*)	achtzig	
	recūsāre	ablehnen	
15	sūmere, sūmō, sūmpsī, sūmptum	nehmen	→ sūmptus
	īnspicere, -spiciō, -spexī, -spectum	hineinschauen; besichtigen	Inspektor, inspizieren

Lernwortschatz

	renovāre	erneuern	→ novus, a, um
	uterque, utraque, utrumque (*Gen.* utrīusque, *Dat.* utrīque)	beide *(Pl.)*	
	paenitet *(+ Akk. + Gen. der Sache)*	es reut *jdn. einer Sache*	
20	cūnctī, ae, a	alle	
	testis, is *m./f.*	Zeuge/Zeugin	
	venia, ae	Erlaubnis; Verzeihung	
	clēmēns (*Gen.* clēmentis)	mild	
	impūne *(Adv.)*	ungestraft	→ poena

Lektion 42
Wiederholung

virgō, virginis *f.*	(junge) Frau
habitus, ūs *m.*	1. Haltung; Zustand; Aussehen 2. Kleidung
rogāre	1. fragen 2. bitten
recipere, -cipiō, -cēpī, -ceptum	zurücknehmen; empfangen
fierī, fīō, factus sum	1. gemacht werden 2. werden; geschehen
appellāre	nennen
praecipere, -cipiō, -cēpī, -ceptum	vorschreiben; belehren
contendere, contendō, contendī, contentum	[»sich anstrengen«] 1. kämpfen 2. eilen 3. behaupten
condere, condō, condidī, conditum	1. gründen; erbauen 2. verwahren; verstecken

Lernwortschatz

	ūnicus, a, um	einzig	→ ūnus
	nāscī, nāscor, nātus sum	geboren werden; entstehen	→ nātiō
	nātus, ī/nāta, ae	Sohn/Tochter	
	dēsīderāre	vermissen; sich sehnen nach	e. desire
	mūtāre	(ver)ändern; verwandeln	Gen-Mutation
5	vidērī, videor, vīsus sum	scheinen	
	valdē *(Adv.)*	sehr	
	religiōsus, a, um	gottesfürchtig; fromm	→ religiō; religiös
	sentīre, sentiō, sēnsī, sēnsum	1. fühlen; merken 2. meinen	sensibel
	frūstrā *(Adv.)*	vergeblich	frustriert
10	quis-quam (*Gen.* cuiusquam)	irgendjemand	
	nē … quidem	nicht einmal	

	cōgere, cōgō, coēgī, coāctum	zusammentreiben:	aus: co-agere
		1. versammeln	
		2. zwingen	
	memor, memoris (+ Gen.)	»sich erinnernd«; in Erinnerung an	
	memor sum	ich erinnere mich (an)	
	revertī, revertor, revertī, reversum	zurückkehren	
15	frequēns (Gen. frequentis)	häufig	Frequenz
	bōs, bovis m./f. (Abl. Pl. bōbus)	Ochse; Kuh; Rind	
	dēferre, -ferō, -tulī, -lātum	1. wegtragen	
		2. überbringen	
		3. melden	
	cōnsuēscere, cōnsuēscō, cōnsuēvī, cōnsuētum	sich gewöhnen; Perf.: gewohnt sein	→ cōnsuētūdō
	morārī	sich aufhalten	≠ morī !
20	violāre	verletzen; vergewaltigen	
	interrogāre	fragen	→ rogāre
	flāgitium, ī	Schandtat	
	peccāre	einen Fehler machen; sündigen	
	fatērī, fateor, fassus sum	bekennen; gestehen	e. to con-fess
25	venia, ae	Erlaubnis; Verzeihung	
	precārī	bitten; beten	→ precēs
	ēicere, ēiciō, ēiēcī, ēiectum	hinauswerfen; vertreiben	e. to eject
	ēducāre	erziehen	e. education
	patientia, ae	Geduld	
30	quisque, quaeque, quidque	jeder	
	cūnctī, ae, a	alle	
	ecclēsia, ae	Kirche	
	sepulchrum, ī	Grab	

Lektion 43
Wiederholung

anima, ae	1. Atem 2. Seele 3. Leben	
remanēre, -maneō, - mānsī	(zurück)bleiben	
pars, partis f.	Teil; Seite	
alter, altera, alterum	der andere; der zweite	
pōnere, pōnō, posuī, positum	stellen; legen	
utrum … an …	ob … oder (ob)	
dignus, a, um (+ Abl.)	einer Sache würdig	
accēdere, -cēdō, -cessī, -cessum	hingehen	
tollere, tollō, sustulī, sublātum	1. aufheben: hochheben	
	2. aufheben: beseitigen	

Lernwortschatz

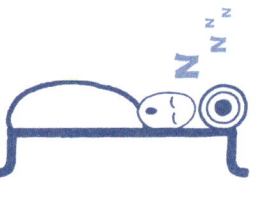

	lectus, ī	Bett	
	membrum, ī	Glied	
	sānctus, a, um	heilig	
	prōgredī, -gredior, -gressus sum	vorrücken; weitergehen	
5	quiēscere, quiēscō, quiēvī, quiētum	(aus)ruhen; schlafen	
	vidērī, videor, vīsus sum	scheinen	
	dīmittere, -mittō, -mīsī, -missum	entsenden; entlassen	
	ambō, ambae, ambō	beide	
	proficīscī, proficīscor, profectus sum	(ab)reisen; aufbrechen	
10	proximus, a, um	der nächste; der letzte	→ prope, appropinquare
	necessārius, a, um / necessārius, ī	notwendig; befreundet; verwandt / Verwandter; Freund	
	frūstrā (Adv.)	vergeblich	frustriert
	experīrī, experior, expertus sum	erproben → erfahren	Experte
	sī (in indirekten Fragen)	ob	
15	inicere, -iciō, -iēcī, -iectum	hineinwerfen	

	surgere, surgō, surrēxī, surrēctum	sich erheben	
	super	auf; über (mit Abl.: wo?; mit Akk.: wohin?)	
	mīrārī	sich wundern	→ mīrus; e. to ad-mire
	occurrere, -currō, -currī, -cursum	entgegenlaufen	
20	beātus, a, um	glücklich	
	diabolus, ī	Teufel	
	uterque, utraque, utrumque (Gen. utrīusque, Dat. utrīque)	beide (Pl.)	
	pondus, ponderis n.	Gewicht	
	minor, minus (Gen. minōris)	kleiner; geringer	
25	argenteus, a, um	silbern; aus Silber	
	niger, nigra, nigrum	schwarz	
	dīvīnus, a, um	göttlich	
	accendere, -cendō, -cēnsī, -cēnsum	anzünden	= incendere
	inimīcus, a, um / inimīcus, ī	feindlich / Feind	↔ amīcus
30	āēr, āëris m.	Luft	e. air
	cadere, cadō, cecidī	fallen	

Lektion 44
Wiederholung

tempus, temporis *n.*	Zeit
auris, is *f.*	Ohr
contingere, -tingō, -tigī, -tāctum	1. berühren 2. gelingen 3. zuteil werden
vērus, a, um	1. wahr 2. richtig; echt
vērum, ī	Wahrheit
sēdēs, is *f.*	1. Sitz 2. Wohnsitz 3. Heimat
incipere, incipiō, coepī, coeptum	anfangen
pius, a, um	»respektvoll«: fromm; pflichtbewusst
perdere, perdō, perdidī, perditum	vernichten
impōnere, -pōnō, -posuī, -positum	auferlegen
ēvertere, -vertō, -vertī, -versum	1. umkehren; umstürzen 2. zerstören; vernichten

Lernwortschatz

	caelum, ī	Himmel	
	vidērī, videor, vīsus sum	scheinen	
	hūmānus, a, um	1. menschlich 2. gebildet	→ homō; human
	certus, a, um	sicher	→ certe; e. certain
5	minor, minus (*Gen.* minōris)	kleiner; geringer	Minus (»weniger«)
	tertius, a, um	der dritte	Terz
	vigilia, ae	Nachtwache	
	tyrannus, ī	Tyrann	
	ingredī, -gredior, -gressus sum	hineingehen	↔ ēgredī
10	precārī	bitten; beten	
	vōtum, ī	Wunsch; Gebet	votieren
	aliēnus, a, um	fremd	
	quasi	wie; als ob	
	experīrī, experior, expertus sum	erproben → erfahren	Experte
15	quālis, e	wie; von welcher Art	Qualität
	quālis … tālis	wie … so	
	an	1. ob 2. oder	
	cōnārī, cōnor, cōnātus sum	versuchen	
	īnsidiae, ārum	Falle; Hinterhalt	
	prōvidēre, -videō, -vīdī, -vīsus	1. vorhersehen 2. (*mit Dativ*) sorgen für	Provider
20	rērī, reor, ratus sum	meinen	→ ratiō
	satis (*Adv.*)	genug	

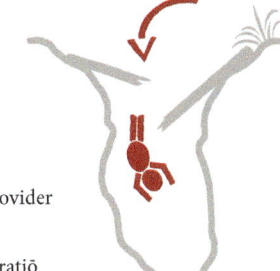

Lernwortschatz

proximus, a, um	der nächste; der letzte	→ prope, appropinquare
subicere, -iciō, -iēcī, -iectum	unterwerfen; unter etw. legen	
mēnsa, ae	Tisch	Mensa
25 nefās	Frevel; Unrecht	
penātēs, ium *m. Pl.*	1. Hausgötter 2. Haus	
nancīscī, nancīscor, na(n)ctus sum	1. erreichen 2. bekommen	
rūs, rūris *n.*	Feld; Land *(im Gegensatz zur Stadt)*	
frūstrā *(Adv.)*	vergeblich	
30 circum *(+ Akk.)*	um … herum	
mūtāre	(ver)ändern; verwandeln	
vestīgium, ī	Spur	
violentia, ae	Gewalt	e. violence
vultus, ūs *m.*	Gesicht(sausdruck)	
35 īdem, eadem, idem *(Gen.* eiusdem*)*	derselbe	
lupus, ī	Wolf	

Lektion 45

Wiederholung

rogāre	1. fragen 2. bitten
persuādēre, persuādeō, persuāsī, persuāsum	1. überzeugen 2. überreden
tamquam	wie
excitāre	antreiben; ermuntern; wecken
pergere, pergō, perrēxī, perrēctum	1. weitermachen; fortsetzen 2. aufbrechen
cōnsistere, -sistō, -stitī, –	1. sich aufstellen 2. stehenbleiben
fierī, fīō, factus sum	1. gemacht werden 2. werden; geschehen
tollere, tollō, sustulī, sublātum	1. aufheben: hochheben 2. aufheben: beseitigen
caedere, caedō, cecīdī, caesum	fällen; niederhauen; töten
sanguis, sanguinis *m.*	Blut

Lernwortschatz

servīre, serviō, servīvī, servītum	dienen; Sklave sein	→ servus; ≠ servāre!!
quondam *(Adv.)*	einst	
proficīscī, proficīscor, profectus sum	(ab)reisen; aufbrechen	

Lernwortschatz

	nancīscī, nancīscor, nactus sum	1. erreichen 2. bekommen	
5	amīca, ae	Freundin	
	discēdere, -cēdō, -cessī, -cessum	auseinandergehen; (weg)gehen	
	valdē *(Adv.)*	sehr	
	monumentum, ī	Grabmal; Denkmal	Monument
	lūna, ae	Mond	
10	simulācrum, ī	Standbild; Abbild	
	numerāre	zählen	Nummer
	ut (prīmum) *(+ Ind.)*	sobald; als	
	respicere, -spiciō, -spexī, -spectum	zurückschauen	Respekt
	comes, comitis *m.*	Begleiter	
15	nūdus, a, um	nackt	Nudist
	lupus, ī	Wolf	
	stringere, stringō, strīnxī, strictum	1. ziehen 2. (ab-)streifen	
	gladium stringere	das Schwert ziehen	
	dōnec	(solange) bis	
	quasi	wie; als ob	
20	mīrārī	sich wundern	→ mīrus; e. to ad-mire
	impūne *(Adv.)*	ungestraft	
	collum, ī	Hals	Kollier
	cōnfitērī, cōnfiteor, cōnfessus sum	bekennen; gestehen	Konfession
	operīre	schließen	↔ aperīre
25	lūmen, lūminis *n.*	1. Licht 2. Auge	il-luminieren
	lectus, ī	Bett	
	bōs, bovis *m./f.*	Rind: Ochse; Kuh	
	medicus, ī	Arzt	Medizin